主动基金投资指南

银行螺丝钉 / 著

中信出版集团 | 北京

图书在版编目（CIP）数据

主动基金投资指南 / 银行螺丝钉著 . -- 北京：中
信出版社，2023.3
ISBN 978-7-5217-5313-4

Ⅰ. ①主… Ⅱ. ①银… Ⅲ. ①基金－投资－指南
Ⅳ. ①F830.59-62

中国国家版本馆 CIP 数据核字（2023）第 022018 号

主动基金投资指南
著者： 银行螺丝钉
出版发行：中信出版集团股份有限公司
（北京市朝阳区东三环北路 27 号嘉铭中心　邮编　100020）
承印者： 北京诚信伟业印刷有限公司

开本：787mm×1092mm　1/16　　　印张：19.5　　　字数：134 千字
版次：2023 年 3 月第 1 版　　　印次：2023 年 3 月第 1 次印刷
书号：ISBN 978-7-5217-5313-4
定价：69.00 元

买股票基金，能赚钱吗？

这是很多朋友都关心的问题。

国内的股票基金，出现的时间很长了。我们可以用股票基金总指数，来看 A 股市场上股票基金的整体表现。这个指数，包含了 A 股的全部股票基金。

2004 年年底至 2022 年年底，股票基金总指数从 1 163.96 点涨到 9 865.76 点，总涨幅达到 747.60%，年化收益率约为 12.6%。具体如图 0-1 所示。

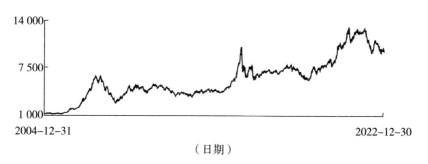

图 0-1 股票基金总指数走势（H11021）
资料来源：万得资讯。

这个收益，超过了常见的大部分理财品种，也超过了股票的平均收益。

如图 0-2 所示，上证指数是媒体常用的股票指数，主要体现上海证券交易所股票的长期收益；中证全指则同时包括了上海证券交易所和深圳证券交易所的股票。2004 年年底至 2022 年年底，上证指数、中证全指都有上涨。代表 A 股全部股票的中证全指上涨了375.66%，但是相比股票基金总指数还是逊色不少。

难怪有人说，"炒股不如买基金"。单纯从收益的角度，投资股票基金，确实能赢在起跑线上。

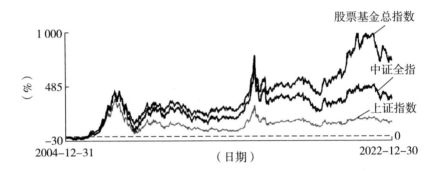

图 0-2　股票基金总指数、中证全指、上证指数的走势
资料来源：万得资讯。

但是买股票基金的投资者，一定是赚钱的吗？

这可不一定！相信很多朋友自己，或者家人、同事，都有在股票基金上亏钱的情况。

《公募权益类基金投资者盈利洞察》报告，揭露了一个严峻的事实：2016—2020 年，股票市场整体上涨。其间，发布报告的几家基金公司旗下的股票基金的平均净值增长率均值，达到 19.57%。但是这些股票基金的投资者平均收益率均值，仅为 7.96%。两者差距为 11.61%。具体如图 0-3 所示。换句话说，即便股票基金收益好，投资者也不一定能赚到好收益。

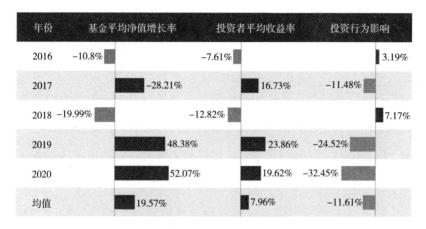

图 0-3 基金平均净值增长率与投资者平均收益率对比
资料来源：《公募权益类基金投资者盈利洞察》。

投资者收益减少的原因有很多，其中主要有以下三点。

- 对基金了解少。截至 2022 年年底，国内股票约有 5 000 只，但基金数量超过了 10 000 只。基金投资的门槛越来越高。投资者如果对基金了解少，就好比在黑夜中开车，很容易掉坑。所以投资者需要掌握基金的基础知识。

- 追涨杀跌。很多人买股票基金，往往是从家人、同事投资股票基金赚了钱，被推荐后开始的。但是这个时候，股票市场已经上涨较大幅度，不太便宜了。高位买入，之后遇到市场下跌，投资者看到账户亏损，开始担心害怕，匆忙卖出，最后以亏损告终。追涨杀跌，是投资者亏损的主要原因。

- 频繁交易。股票市场的一轮牛熊市，经常需要 7 ~ 10 年。但投资者对股票基金的平均持有时间，只有 3 个月上下。频繁买卖手里的基金，会导致较高的交易成本，也会减少到手的收益。

不过这些导致亏钱的因素，都是有办法克服的。一旦掌握了股票基金的投资方法，投资者就可以长期获得好收益。

股票基金，从投资策略上，可以分为两类：被动基金（指数基金）、主动基金。

2017 年，笔者出版了《指数基金投资指南》一书，讲解了如何通过投资指数基金来帮助家庭获得好收益。指数基金，是个人投资股票基金非常好的切入点，因为指数基金的规则清晰透明、成本低，掌握难度也小。

不过在股票基金中，还有另外一个庞大的类别——主动基金。截至 2022 年年底，国内指数基金总规模约为 22 532.22 亿元，基金数量约为 1 819 只；主动基金总规模约为 245 588.13 亿元，基金数量约为 8 673 只。主动基金发展时间更长，基金规模更大，数量也更多。

投资者如果想要丰富家庭资产配置的工具，那主动基金是必须要掌握的。这本《主动基金投资指南》将是普通投资者掌握主动基金投资的好帮手。

第 1 章，介绍了通货膨胀的危害。我们投资股票基金，最重要的一个目的，就是跑赢通货膨胀。

第 2 章，介绍了股票基金的两个主要类别——指数基金和主动基金，包括这两类基金各自是什么，有什么区别等。

第 3 章，介绍了影响主动基金收益最重要的一个因素——投资风格。基金的投资风格，很多来自知名的投资大师。通过介绍投资大师的投资策略，帮助投资者掌握这些风格的特点。

第 4 章，介绍了影响主动基金收益的其他因素。包括基金的股票仓位、行业偏好、基金规模、持股集中度、换手率、费用等，以及查询这些因素的方法。

第 5 章，介绍了一个重要的公式：好品种 + 好价格 = 好收益。主要内容包括如何挑选主动基金好品种，如何判断好价格。

第 6 章，介绍了构建主动基金投资组合的方法。单个基金经理，难免会有风险。构建一个基金组合，会让家庭资产配置更加稳健。

第 7 章，介绍了基金投顾。在海外市场，大部分股票基金是通过投顾来投资的。了解基金投顾，可以让家庭投资更省心省力。

第 8 章，介绍了如何利用基金组合，做好家庭资产配置。可以帮助投资者掌握一套最常用的家庭资产配置方案。

第 9 章，介绍了在投资过程中，投资者常有的一些心理因素。"明白了很多道理，却依然过不好这一生。"同样地，投资策略是一回事，能不能执行好是另一回事。了解这些心理因素，会帮助我们更好地穿越牛熊市。

在创作这本书的过程中，其实很多的问都是来自投资者。在笔者的公众号上，有超过百万的关注用户，每年会有 10 万条以上各种各样的关于基金的留言、咨询、问题。关于主动基金，大家最关心哪些内容，是可以统计出来的。解答清楚这些疑惑，这本书也就水到渠成了。

换句话说，这也是百万投资者，和螺丝钉一起创作出来的一本书，是属于投资者的一本书。所以这本书最想感谢的，是长期关注并支持螺丝钉的朋友们。你们的鼓励，是我坚持的最大动力。

也感谢出版社的老师，在这本书的编辑过程中，不辞辛劳。中信出版社的专业能力，是这本书坚实的后盾。

感谢东方证券、泉果基金、上海东方证券资产管理有限公司、富国基金、中欧基金、银华基金、中泰资管等公司及其优秀的基金经理，为本书的创作提供了支持。

特别感谢我的妻子，她给了我很大的帮助。没有她的理解和支持，我很难走到今天。

读完这本书，其实只是一个小小的开始。

大家可以关注笔者的同名公众号"银行螺丝钉"，每个交易日会发布关于基金的估值数据，以及关于基金投资的心得和感悟，也会组织一些线上直播和线下活动，发放一些小福利。

后续大家对书里的内容有任何疑问，或者投资中遇到任何问题，都欢迎与我讨论，共同进步。

第1章　如何跑赢通货膨胀

第2章　股票资产之主动基金

第3章　主动基金的投资风格

第 4 章　影响主动基金收益的因素

第 5 章　好品种 + 好价格 = 好收益

第 9 章　如何优化你的投资行为

第 1 章

如何
跑赢通货膨胀

人力资产能为我们提供稳定的现金流，能让我们在股市低迷的时候安然度过。在付出精力积累金融资产的同时，也不要忘记巩固人力资产。

　　人力资产和金融资产，两手都要抓，两手都要硬：用双手创造价值，换取现金流；靠股票基金，放大劳动所得。

——银行螺丝钉

为什么钱越来越不值钱了：通货膨胀

通货膨胀并不是一个新鲜的话题，但确实是我们时刻关注的话题。

什么是通货膨胀呢？

通俗来说，就是社会上流通的钱越来越多，物价也水涨船高，同样的钱，能买到的东西变少了。

比如像我小时候，当时很多餐馆都打着标语"一元吃饱，两元吃好"，一两元就能吃饱喝足。然而，现在一个包子都要几元钱了。想要吃饱喝足，人均可能就得几十元。想要吃好一点儿，人均可能就得上百元了。那未来呢？可能再过几十年，普普通通的一顿饭说不定就需要花费几百元了。

以前说起"万元户"，大家都很羡慕，万元户在二十世纪七八十年代是身份的象征，代表了有钱人。但是现在，很多人轻轻松松一个月的工资就能达到1万元了。

图1-1 普通的包子也涨价了

如果按照购买力来衡量：

- 1978 年的 1 万元，相当于今天的 1 447 万元。
- 1988 年的 1 万元，相当于今天的 166 万元。
- 1998 年的 1 万元，相当于今天的 16 万元。
- 2008 年的 1 万元，相当于今天的 3.5 万元。
- 2013 年的 1 万元，相当于今天的 1.5 万元。

所以，在 20 世纪 70 年代末 80 年代初的时候，万元户就是非常富裕的了。

但是随着时间的流逝，1 万元的购买力逐渐下降。可能几年的时间里，我们还感觉不出来有太大的差别，但是越往后，同样的 1 万元，购买力下降得越厉害。

简单来说，通货膨胀，就是货币的供应量超过了实际需求量，导致货币贬值、物价上涨的情况。

经济学里还有一个专门的公式：

$$MV = PT$$

其中，M 是货币总量；V 是货币流通速度；P 是物价水平；T 则是总交易量，也就是经济体内的总产出。

通常来说，货币总量增加，货币流通速度增加，会推动等式右边的物价水平和总产出上涨。简单理解，就是水涨船高。

这就是通货膨胀和物价上涨的关系。

如何衡量通货膨胀

指标一：CPI

一些教科书会告诉你，通货膨胀率看的是 CPI，即居民消费价格指数。也就是用居民经常消费的一篮子 262 类基础消费品的价格，来衡量一段时间内的物价走势。

换句话说，CPI 也是一个指数，只不过跟股票指数不同。它是统计我们普通家庭平时购买的消费品或者服务项目价格的指数。

最近几年，按照国内的统计数据，CPI 同比增长率一年是 2%~3%。也就是说，我们日常生活中基础消费品的物价上涨速度是每年 2%~3%。具体如图 1–2 所示。

按理说，我们的投资收益率跑赢 CPI 的增长速度，就算是跑赢通货膨胀了。如果按照上面这个标准，跑赢通货膨胀并不难实现，买点儿理财产品可能就能做到。

不过这个数字，肯定跟部分投资者的实际体验有很大差别。为

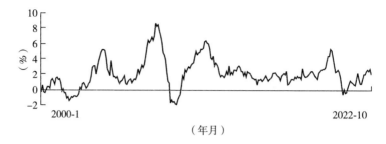

图 1-2　中国居民消费价格指数走势

资料来源：万得资讯（Wind）。

什么呢？

其实这是很正常的，因为 262 种基础消费品，不一定是每个家庭都会去消费的，每个家庭的消费结构是截然不同的。

比如说，一个养孩子的家庭和一个没养孩子的家庭，消费结构是完全不一样的；孩子上小学和孩子已经大学毕业的家庭，面对的消费情况又不一样；老人生病、长期卧床的家庭，开销也会不一样。

所以实际上，每个家庭面对的通货膨胀可能有一些差别。

指标二：当地人均可支配收入的增长速度

那怎么估算实际的通货膨胀率呢？

一个简单的判断方法——当地人均可支配收入的增长速度，可以作为大多数家庭的衡量标准。

这个数据，可以在官方网站查到。比如，生活在北京的人可以搜"北京人均可支配收入增长速度"。比如说，一、二线城市人均可支配收入的增长速度是 7%～9%，三、四线是 5%～7%。这就是我们真正面对的整体的通货膨胀情况。2021 年主要城市城镇居民人均可支配收入及增长速度如图 1-3 所示。

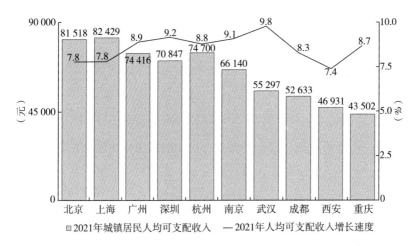

图 1-3　2021 年主要城市城镇居民人均可支配收入及增长速度
资料来源：各城市统计局官网。

为什么可以用这个指标来衡量呢？

因为大家生活在一起，会一起竞争当地的生活、教育、医疗等资源。如果这个城市的人均可支配收入的增长速度快，那这个城市实际的物价上涨速度也会比较快。这差不多就是一个家庭所面对的实际通货膨胀。

哪些资产可以跑赢通货膨胀

更关键的一个问题就来了：面对通货膨胀，我们该怎么应对呢？难道眼睁睁看着自己的钱越来越不值钱吗？

当然不是。我们不能拿着现金，现金是跑不赢通货膨胀的，得把现金换成资产。

哪些资产可以跑赢通货膨胀呢？

能够跑赢通货膨胀的资产有很多，但是普通家庭能够接触到的、长期收益好的资产，主要就是三类：

- 优秀的人力资产，人力资产的现金流就是工资收入。
- 优质的房地产资产，例如一、二线城市优质地段的房地产。
- 优质的股票资产，包括股票基金等。

这三类资产，是如何跑赢通货膨胀的呢？

抗通货膨胀小能手：人力资产

人力资产，是一项可以产生现金流的资产。

为什么人力资产可以跑赢通货膨胀呢？因为绝大多数人都有自己的工作，可以通过劳动来获取工资等现金流收入。

实际上，一开始的时候，家庭资产最主要的就是人力资产。

有句话叫，"莫欺少年穷"。一个刚毕业的小伙子，手里可能没多少钱，也没有什么事业，但是并不能说他什么资产都没有，因为他本身就是一项资产。他有无限的可能，只要通过自己的劳动，好好工作，他是可以创造价值的。

所以，人力资产，很明显是一个可以抗通货膨胀的资产。最直接的代表，就是工资水平的提升。

工资增长，可以跑赢通货膨胀

比如说 20 世纪 90 年代，很多人的月薪只有几百元，上千元在当时可能就算是高收入了。现在，月薪上万元已经比较常见了，但是这个数字，在 20 世纪 90 年代是不可想象的。

我们可以看看，1990—2020 年北京市城镇非私营单位在岗职工的年平均工资，如图 1-4 所示。

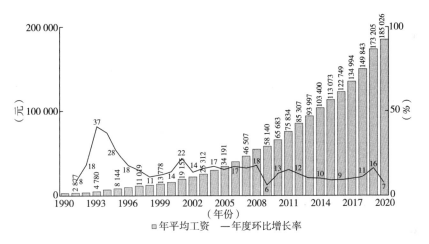

图 1-4　1990—2020 年北京市城镇非私营单位在岗职工年平均工资

资料来源：《北京统计年鉴 2021》。

从图 1-4 可以看出，工资收入整体上是越来越高的，这个增长速度就可以跑赢通货膨胀了。

哪些因素影响了人力资产的价值

虽然人力资产有抗通货膨胀的能力，但这个能力也有强弱之分。那么，哪些因素影响了人力资产的价值呢？

行业的赚钱能力

一个行业越赚钱，那这个行业的平均工资就越高。反之，如果一个行业越不赚钱，那这个行业的平均工资也就越低。

从事岗位的可替代性

从事岗位的可替代性越强，收入增长速度越慢，抗通货膨胀能力越弱；从事岗位的不可替代性越强，收入增长速度越快，抗通货膨胀能力也会越强。

曾经有一则新闻，说有一个省的路桥收费站被取消了，收费站的工作人员即将下岗。一位大姐哭诉，她都 36 岁了，干了这么多年，现在突然不让干了，接下来不知道还能做什么。

现实中，这种情况时常出现，尤其是很多重复性劳动的岗位，很容易被替代。

比如说银行的工作。多年前我们去银行办理银行卡，还需要专门到柜台，手动填写一些单子，花几分钟，由工作人员为我们开一张银行卡。可是现在，银行网点基本上都有了自助柜员机，我们可以直接在柜员机上完成自助开卡。所以，这些可替代性比较强的岗位，它的收入增长速度也会慢一些。

我们也可以想想，自己现在从事的岗位可替代性强吗？有没有核心竞争力？核心竞争力越强，抗通货膨胀的能力也会越强，收入的增长速度就会超过通货膨胀率。巴菲特也说过："高通货膨胀下最好的投资就是投资自己。"

教育

我们为什么要"寒窗苦读"十几年甚至二十几年？原因在于，教育是最好的一笔投资，它可以非常明显地提升人力资产的价值。

1992 年诺贝尔经济学奖获得者加里·贝克尔（Gary Becker）教授，是首位把人力看成一项资产的学者。他有一个很重要的理论：教育的投资回报率是巨大的，投入时间和金钱提高人的受教育程度是非常值得的。

通过对美国市场的研究，美股市场年均回报率在 10% 左右。剔除通货膨胀后，大约有 6.8% 的年回报率。而投资一个本科学历，年均回报率在 18% 左右，剔除通货膨胀后，年回报率达到 15%！如果有名校的学历或者是更高的学历，回报率会更加可观。

国内也是如此。图 1-5 统计了 2021 年应届毕业生月平均薪资。

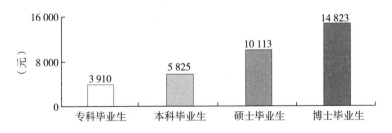

图 1-5　2021 年应届毕业生月平均薪资

资料来源：万得资讯。

当然，不排除某些名校毕业生的个体差异，也有一些人虽然一开始学历不高，但后来凭借自己的努力取得了不错的成就。不过从整体上来说，受教育程度越高，平均收入越高；学校越好，平均收入越高。

三招有效提高你的赚钱能力

在股票市场，我们再怎么努力，也很难凭主观意愿改变某只股票的走势，通常都是投资了之后耐心等待。但是，人力资产，我们自身这个资源，是可以凭借着不断学习和努力提升价值的。告诉大家三个小妙招，可以让自己的赚钱能力越来越高。

在教育上持续投入

上大学时，我们就可以开始努力考取各种需要的证书了。比如，想进入金融行业，那么相关的从业、会计、金融分析师等证书，会是加分项；想进入外企，那么语言类的证书是加分项。

像一些职场技能类的，例如 Word、Excel、PPT、编程等，学习并精通也会对我们提升职场竞争力有帮助。

即使是上班后，我们继续学习，考取更高的学历，也可以提升收入。很多单位，如果员工愿意考取相关证书，培训费、报名费等都会报销。有了这些证书后评职称会更容易，同样的工龄，收入可能会更高，人力资产的价值也就体现出来了。

也有很多人疑惑，白天要工作，哪里还有时间学习呢？螺丝钉一直坚信：人和人的差距，是下班后的 4 小时拉开的。时间就像海绵里的水，挤一挤总会有的。

有些小技巧，可以帮助我们节省很多时间。比如，别住在郊区，要住在公司附近。如果每天上下班通勤花的时间很多，那其实是很大的浪费。不如在单位附近租房，哪怕房间很小，节省下来的时间看书提升自己，也是好的。将时间节省出来，用在最重要的事情上，全力以赴。

选好赛道，努力工作

对于大学生、年轻上班族来说，认真学习和工作，才是让自己资产变多的最佳途径，而不是靠投资。

刚工作不久的年轻人，努力工作几年，工资大幅增长并不难。但若想在短短几年里，仅靠投资就让资产增长两三倍，没有人能保证做得到。就算等来一轮牛市，收益率不错，但由于手里的资产总量少，实际上也解决不了太多问题。

不过，有一句话说得好，"选择比努力更重要"。如果一开始就选错了赛道，即使我们非常努力，可能最后也没有获得太高的成就。

什么样的赛道是好赛道呢？

正如巴菲特概括的，有长长的坡（生意长久）和厚厚的雪（有利润），然后把雪球越滚越大（复利）。正如图1-6所示，这就是值得我们奋斗一生的好赛道。

首先，有长长的坡，指这个生意是持久的。这需要参与生意的各方都是共赢的，如此生意才能持久。如果有一方利益受损，那这个生意就无法持久。

其次，有厚厚的雪，指所做的事情是有利可图的。比如我们投资股票指数，会关注指数背后的公司是否有盈利。如果公司盈利持

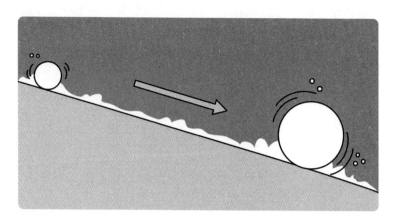

图1-6 值得奋斗一生的好赛道

续增长，指数也会长期增长，这就是有利可图的。

工作也是如此，如果公司本身周期性比较强，利润又比较微薄，遇到市场波动，公司的营收可能都无法保障，更不用说员工的工资。因此，对公司来说，是做有利润率的生意；对个人来说，经营自己的人力资产其实也是在做生意，提升人力资产的价值才能获得更高的收入。

最后，把雪球越滚越大，指形成复利效应。像律师、基金经理、医生这类职业，为什么越老、越有经验越吃香呢？其实是因为形成了复利效应。之前做的成功案例，会对后来的业务开展很有帮助；而一些单调重复性的同质化工作，则是单利的。

所以，好的赛道，不是纯粹单利的工作，是长期可持续的、能形成复利效应的工作。这样创造的价值越来越高，换取的回报自然也会更高。

多看书，多学习

提高人力资产的抗通货膨胀能力，还有一个很好的方法，就是多看书。

国家统计局公布的《2018 年全国时间利用调查公报》显示：收入越低的居民看电视时间越多，低收入群体每天看电视时间为 1 小时 50 分钟。收入越高的居民阅读书报期刊的时间越多，高收入群体每天阅读时长为 20 分钟。高收入群体中 21% 有阅读行为，而低收入群体只有 6.6% 有阅读行为（见图 1-7）。

图 1-7　收入越低的人越爱看电视、玩手机，收入越高的人越爱看书

20 岁之前，我们要花大功夫去学习，考取一个好的学历。等我们真正步入职场后，也不要停止学习的脚步，多阅读，每看一本书，都在提升人力资产的价值。

不过，阅读是一个比较痛苦的过程，不太容易坚持下去。那该怎么建立阅读的习惯呢？

可以给自己定一个刚开始就能完成的指标，比如每天读 10 页书。一开始的目标容易达成，才有助于长期坚持下来。之后可以再根据情况逐渐增加页数。日积月累，我们就看完了特别多的书。

短期内，可能看不到它对人力资产有什么帮助，但坚持下来，效果会非常好，在不知不觉中就实现了提升。

所以，有终身学习习惯的人，可以抗通货膨胀。毕业后就再也不学习，只是从事一些简单的、重复性工作的人，可能就没法抗通货膨胀了。

优质房地产，也能抗通货膨胀

从海外成熟市场的家庭资产配置情况来看，房地产是家庭资产占比很大的一项，占比能达到30%。这个比例在国内更高，目前国内普通家庭70%左右的资产都在房地产上。

未来，国内房地产在家庭资产中占比会逐渐降低，金融资产占比会提高，向海外成熟市场靠拢。不过房地产的占比还是会很高的。

那房地产一定可以跑赢通货膨胀吗？其实并不一定。只有优质的房地产，才可以跑赢通货膨胀。

哪些城市拥有优质的房地产

像一些三、四线城市，人口净流出，收入增长缓慢，房子其实是不值钱的。只有那些人口不断流入的一、二线城市优质地段的房地产，才有可能抗通货膨胀。

这是因为，房地产这类资产，最根本的收益来源，是生活在这个地区的人们。房子本身是不值钱的，值钱的是生活在这个地区的人。所以，当地人口的流入流出、收入的多少，是当地的房产能否抗通货膨胀的重要的依据。

这是投资房地产的核心逻辑。

行业单一，人口净流出的三、四线城市

一部分三、四线城市，比较依赖于某些行业。比如，有的城市是以强周期性行业为主，有的城市是以消费行业为主，有的城市是以制造业为主。那么，这些城市的未来就会有很大差别。

比如"百年煤城"黑龙江省鹤岗市，是一个以能源资源类强周期性行业为主的城市。2019—2020 年，当地部分小区的房价只有300 元/平方米，100 平方米的房子也只要几万元到十几万元。这么低的价格，让很多人都非常吃惊。

鹤岗煤炭资源丰富，当能源在景气周期时，会吸引大量人口流入。但当资源衰竭、能源价格低迷时，鹤岗自身的经济就会受到较大影响。

从图 1-8 所示的鹤岗市 GDP 增速就可以看出来。

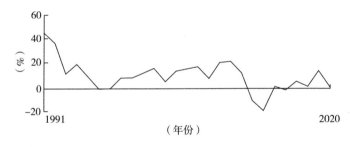

图 1-8　鹤岗市 GDP 增速

资料来源：万得资讯。

21 世纪初煤炭价格较高的时候，鹤岗的日子很好过，GDP 增速保持两位数。

但 2012—2013 年，煤炭价格大跌。2013 年鹤岗的 GDP 和财政收入都出现了负增长。之后煤炭价格持续低迷，鹤岗的 GDP 增速也一直不高。

不是鹤岗人不努力，而是行业特点决定的。煤炭属于强周期性行业，遇到不景气周期，再努力也没用。所以，要发展一些其他行业，才能摆脱困局。并且这个其他行业，最好不要是能源或者资源类的强周期性行业，否则还是会面对一样的问题。

其实，类似鹤岗这样的城市还有很多，大家平常看新闻、短视频，会看到一些"鬼城"。这些"鬼城"很多都是因为当初发现了一些资源，全国各地的人就聚集到了这里。但资源开采完之后，人就逐渐走了，留下很多空旷的房子。但是这些房子，很明显并不具备投资价值。

我们再看一个城市——贵州省仁怀市。

仁怀市，是以消费行业，特别是白酒行业为主的城市，它下辖的茅台镇全国知名，贵州茅台是仁怀市最主要的 GDP 贡献者。消费行业是长期收益最好的行业之一，过去十几年，消费行业的长期收益是能源行业的 10 倍。以消费行业作为主要收入来源，对应的城市也会发展得更稳健。所以，仁怀市的房价就比较稳定，这几年整体也是上涨的。

仁怀市一定比鹤岗市努力很多吗？其实不一定。但是，这就是"躺赢"的城市，因为主要行业的不同，可以享受消费这种好行业的长期好收益。就好比进入了一个好行业的人，不需要做什么，工资收入就比其他行业的人要高。

不过，过于依赖于某个行业，也是有风险的：抵抗风险的能力比较弱，从业人员的就业面会比较窄。比如，虽然白酒行业的长期收益不错，但并不是每个人都想从事这个行业。

整体来说，依靠单一行业的三、四线城市，房地产投资价值相对还是比较低的。

行业多样，人口净流入的一、二线城市

真正有吸引力的，还是一、二线城市，这些城市拥有多个不同的好行业，可以持续吸引人才流入。这些城市优质地段的房地产，是有可能抗通货膨胀的。

所以，很多人说要投资房地产，但不同城市的房地产差别是非常大的。

像人口净流入的三大地区——京津冀地区、珠三角地区、长三角地区，房地产投资价值就会高一些。不过，虽然这三大地区都是人口净流入，但是它们各有特点。

京津冀地区：新增人口平均学历更高。北京地区的人口红利，主要是"工程师红利"。北京地区的高校密度大，很多人毕业后就留在北京工作生活，所以平均学历更高。

珠三角地区：新增人口更年轻。珠三角地区的人口红利，主要是"劳动力红利"。深圳年轻人的比例高，像北京的公园里有很多老年人的情况在深圳就很少见。

长三角地区：新增人口的年龄和学历都很均匀。长三角地区，包括上海、杭州、苏州、南京等城市，非常均衡，流入人口整体的年龄和学历都比较均匀，既有年轻人，也有高学历者。

此外，还有一些省会城市，可以吸引自己省内周边城市的人口。比如成都、武汉、西安、郑州，都可以聚集自己周边的人口，也是人口净流入的。人口净流入，人均可支配收入增长快，这些地区房地产的长期增值速度也会超过其他地区。

如何衡量房地产的投资价值

有没有具体的数据，用来衡量一个城市房地产的投资价值呢？

我们先来了解一个指标：房价收入比。

房价收入比＝城市住房的户均平均市价/户均家庭收入

可以理解为，一个家庭的当前收入，要多少年才能买到所在城市的一套房子。

不同城市的房价收入比差距巨大，来看表 1-1 所示的国内 50 个典型城市 2020 年的房价收入比。

表 1-1　2020 年 50 个典型城市房价收入比

城市	房价收入比	城市	房价收入比	城市	房价收入比
深圳	33.94	郑州	11.60	兰州	9.15
上海	26.65	重庆	11.43	济南	8.83
三亚	24.63	合肥	11.37	北海	8.67

城市	房价收入比	城市	房价收入比	城市	房价收入比
北京	23.40	扬州	11.05	无锡	8.46
厦门	19.21	南昌	11.03	沈阳	8.42
杭州	16.74	宁波	11.00	常州	8.22
海口	15.19	长春	10.90	唐山	7.83
珠海	14.94	太原	10.70	乌鲁木齐	7.72
南京	14.36	保定	10.69	中山	7.62
福州	13.99	武汉	10.58	烟台	7.61
广州	13.70	苏州	10.18	西宁	7.41
东莞	12.77	西安	10.10	泉州	7.03
天津	12.71	哈尔滨	10.00	贵阳	7.02
温州	12.60	成都	9.90	呼和浩特	6.95
石家庄	12.02	青岛	9.76	银川	6.57
南宁	11.73	昆明	9.49	长沙	6.27
大连	11.65	佛山	9.40		

资料来源：万得资讯。

从表1-1中我们可以看到，北京、上海、深圳、三亚房价收入比普遍比较高，房价收入比高达20～30倍。但有的城市房价收入比只有6倍多，例如长沙。

那是不是房价收入比越低的城市，房地产投资价值越高呢？

其实不一定。过去10年，北上广深的房价涨幅，还是比很多二、三线城市的房价涨幅高。所以，利用房价收入比衡量房地产的投资价值时，还需要结合当地居民人均可支配收入增长速度。

股市里有一个指标，叫作PEG指标。这是美国传奇基金经理彼得·林奇（Peter Lynch）常用的一个指标。

$$PEG = 市盈率/未来预期的盈利年均增长速度$$

市盈率衡量的是股价的高低。盈利年均增长速度衡量的是股票背后企业的成长性。

PEG 指标低，通常是分子市盈率较低（便宜），或者分母盈利年均增长速度高（成长性好），代表的是又好又便宜的股票。

同样地，我们可以用类似的指标来判断一个城市的房地产是否值得投资。比如，房价收入比/当地居民人均可支配收入增长速度。

如果房价收入比处于自身历史低位，且当地人均可支配收入增长速度良好，那这个城市的房地产整体比较便宜。

另外，即便是选择好了城市，房地产投资也是有一定难度的。

具体来说，主要有以下三个难点。

- 交易成本高。房地产的交易成本远远超过股票和股票基金。买卖一次，花费的时间成本、费用成本都比较高，所以房地产天然是一类需要长期持有的资产。
- 流动性不太好。如果业主急于成交，就有可能给出一个非常便宜的价格，这在股票投资中很少遇到。股票的捡漏机会较少，除非出现短期的恐慌性下跌，例如 2018 年年底和 2020 年 3 月的暴跌。
- 信息不透明。即便是同一个区、同一个街道的房子，价格也有很大差别。很多信息并不是一开始就公开透明，因此投资价值差别很大。

所以，投资住宅类的房地产，选择好城市和地段后，还要尽可能广泛地收集所在地区的房屋信息，这样找到价位合适房子的机会更高。

躺着也能收租——房地产投资信托基金（REITs）

不过买房对大多数家庭来说都是一笔不小的开支，投资门槛太高。

那除了直接买房进行投资，普通人还可以通过哪些方式来投资房地产呢？

一般来说，我们老百姓能投资的房地产资产，有以下两类：第一类，就是普通的住宅。大多数时候说到"炒房"，都是说这种住宅；第二类，就是房地产投资信托基金。这类产品，最近两年逐渐兴起。

REITs 的定义及长期收益

REITs 跟我们平时说的"炒房"，不是一回事儿。通常说到"炒房"，投资的是住宅。而 REITs 主要投资的是商业地产和基础设施，比如商场、写字楼、酒店、数据中心、高速公路、产业园等。

它们的共同特点是，有相对稳定的租金等现金流收入，投资者需要长期持有。REITs 会把收取租金的 90% 左右，以股息的形式分给持有者，持有者相当于"包租公"（见图 1-9）。

图 1-9　投资房地产

那么，REITs 的长期收益如何呢？

在美股，有几百只 REITs，也有专门的 REITs 指数基金，是一类非常庞大的资产；在港股也有 10 只左右的 REITs。这类产品最近两年在 A 股也逐渐兴起。比如基建类 REITs，包括高速公路、石油天然气管道、大桥，甚至垃圾处理项目，都可以包装为 REITs产品。

REITs 是一类可以长期跑赢通货膨胀的资产。比如先锋领航推出的 VNQ（房地产投资信托指数 ETF-Vanguard），就是一只典型的REITs 指数基金。VNQ 从 2011 年年底到 2021 年年底，10 年的年化收益率大约为 11.4%，比通货膨胀率要高不少。具体如图 1 - 10所示。

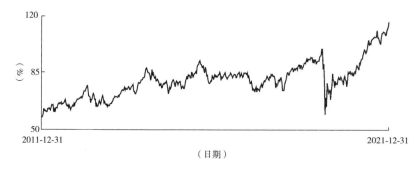

图 1-10　VNQ 的收益率

资料来源：万得资讯。

单只 REITs，投资难度大，估值需要考虑的因素多

目前投资 REITs 主要有两种方式。

一种方式是投资单只 REITs，不过这种方式难度会高一些。需要具体分析所持有的物业的投资价值。

例如港股里一只 REITs，叫作汇贤产业信托。它持有的物业是北京王府井东方广场。这个广场占地面积很大，整整一站地铁，从王府井到东单。中间包括东方新天地——一个商场，属于零售物业，还包括东方君悦酒店、东方经贸城写字楼、豪庭公寓。

这是一只很典型的 REITs。每年的租金收益，就是这只 REITs 的主要现金流来源。REITs 想要收益好，首先地段很重要，其次对背后的经营方的经营能力要求也比较高，这直接影响到后期的租金提升。

投资单只 REITs，需要分析的因素比较多，估值需要考虑它所持有物业的地段、经营方的经营能力，以及一些外部因素。难度不亚于投资单只股票，对普通投资者来说还是难度较高的。

REITs 指数基金，估值更容易，投资难度较低，更适合普通投资者

另一种方式是投资 REITs 指数基金，也就是由一篮子 REITs 组成的基金。

同时投资多只 REITs，相比单只 REITs 来说，进行了分散配置，风险会更小，投资难度也低一些，更适合普通投资者。

REITs 指数的估值，比一般股票指数的估值简单，REITs 绝大部分收益是以股息的方式支付给投资者，所以股息率是 REITs 指数重要的估值参考。

$$股息率 = 股息 / 市值$$

短期股息变化不大，所以股息率较高时，往往是市场下跌带来的。股息率较高的阶段，是相对便宜、投资价值高的阶段。不过 2020—2022 年这几年，REITs 的这种估值方法也受到一些影响。疫情防控期间，很多商业物业的租金收益大幅减少，导致股息也受到影响，股息率的参考会略有失真。

另一种估值方式，是用过去几年的平均股息来计算。按照这种方式，美股 REITs 的股息率在 2021 年年底，是 3%～3.5%。

除了股息收益，REITs 自身持有的物业，价格也会上涨，这部分收益会体现在基金净值上，也可以抗通货膨胀。

REITs 有波动，需要在低估区域投资

投资单只 REITs，跟投资单只股票一样，也有经营不善、破产倒闭的风险；投资 REITs 指数基金，虽然也有波动，但因为分散配置，风险会减少很多。

REITs 指数的波动，跟股票指数的波动类似。例如 2020 年疫情防控期间，新加坡 REITs 下跌 37%，是过去 20 年第二大跌幅，仅次于金融危机，美股 REITs 指数基金 VNQ 下跌 44%，如图 1-11 所示。

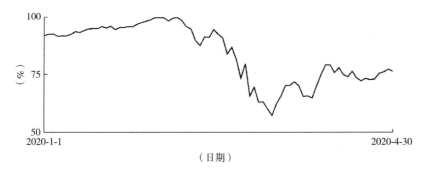

图 1-11　VNQ 2020 年 1 月 1 日至 4 月 30 日波动情况

资料来源：万得资讯。

这个波动远超一般的债券基金，甚至比当时美股股票指数基金的波动还大。

所以投资 REITs，也要做好面对波动的心理准备。这类产品，也需要在低估区域投资。

螺丝钉整理了国内目前发行的部分 REITs，如表 1-2 所示。截至 2022 年 12 月，国内暂时还没有出现 REITs 指数基金，等以后有了，螺丝钉会再给大家介绍。

表 1-2　国内发行的 REITs 汇总

代码	基金名称	成立日期	基金规模 （亿元）	管理费率 （%）	托管费率 （%）
180101. SZ	博时蛇口产园 REIT	2021-6-7	20. 81	0. 15	0. 02
508000. SH	华安张江光大 REIT	2021-6-7	14. 30	0. 55	0. 01
180201. SZ	平安广州广河 REIT	2021-6-7	88. 30	0. 115	0. 03
180301. SZ	红土盐田港 REIT	2021-6-7	18. 38	0. 30	0. 01
180801. SZ	中航首钢绿能 REIT	2021-6-7	11. 14	0. 10	0. 05
508001. SH	浙商沪杭甬 REIT	2021-6-7	37. 63	0. 125	0. 01
508006. SH	富国首创水务 REIT	2021-6-7	17. 71	0. 10	0. 01
508027. SH	东吴苏园产业 REIT	2021-6-7	34. 54	0. 15	0. 01
508056. SH	中金普洛斯 REIT	2021-6-7	57. 15	0. 70	0. 01
180202. SZ	华夏越秀高速 REIT	2021-12-3	21. 57	0. 45	0. 03
508099. SH	建信中关村 REIT	2021-12-3	28. 89	0. 24	0. 02
508018. SH	华夏中国交建 REIT	2022-4-13	94. 32	0. 10	0. 01
508008. SH	国金中国铁建 REIT	2022-6-27	47. 96	0. 20	0. 01
180401. SZ	鹏华深圳能源 REIT	2022-7-11	35. 46	0. 28	0. 01
180501. SZ	红土深圳安居 REIT	2022-8-22	12. 47	0. 20	0. 01
508058. SH	中金厦门安居 REIT	2022-8-22	13. 04	0. 19	0. 01
508068. SH	华夏北京保障房 REIT	2022-8-22	12. 59	0. 12	0. 01
180102. SZ	华夏合肥高新 REIT	2022-9-20	15. 42	0. 23	0. 02
508021. SH	国泰君安临港创新 产业园 REIT	2022-9-22	8. 30	0. 23	0. 02
508088. SH	国泰君安东久新 经济 REIT	2022-9-23	15. 24	0. 23	0. 02

资料来源：万得资讯，截至 2022 年 10 月 31 日。

股票资产：抗通货膨胀"撒手锏"

虽然上文提到的两类资产——人力资产和优质房地产，都可以抗通货膨胀，但不是人人都能做到的。比如人力资产的提升需要不断学习和进步，房地产投资门槛比较高等。

只有第三种，股票资产，是人人都可以接触，也能很快掌握和实践的资产。并且股票资产的长期收益，可以远远跑赢通货膨胀。

在《股市长线法宝》（*Stocks for the Long Run*）这本书中，杰里米·J.西格尔（Jeremy J. Siegel）教授统计了几个主要资产大类的收益情况，包括股票、长期债券、短期国债、黄金、美元。剔除通货膨胀的影响之后，各大类资产的年化收益率如图 1-12 所示。

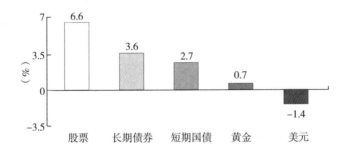

图 1-12　1802—2002 年美国各大类资产年化收益率
资料来源：《股市长线法宝》。

注意，这里是剔除通货膨胀率之后的收益率。如果考虑通货膨胀的因素，各类资产的年化收益率还会再增加一些。

所以，过去 200 年时间里，股票作为一个资产大类，长期年化收益率在剔除通货膨胀率之后是 6.6%。也就是说，投资在股票资产上的钱，购买力差不多每隔 10 年可以翻一番。长期债券、短期国债的收益其次；黄金能略跑赢通货膨胀；现金则跑输通货膨胀。

这是过去 200 年，几个主要大类资产的长期收益情况。可以看出，股票资产的长期收益，是远跑赢通货膨胀的。

股票资产跑赢通货膨胀的秘密

为什么股票资产可以跑赢通货膨胀呢？

主要有两种解释。

第一种解释是重置成本，来自诺贝尔经济学奖得主詹姆斯·托宾。

什么是重置成本呢？

比如说王大爷开了一个包子铺，这个包子铺日常经营良好。我们看上了这个包子铺的生意，也想自己开一个。那之后就有两个选择：第一个选择是买下王大爷的包子铺，买下包子铺的价格，就是包子铺的市值；第二个选择是开一个跟王大爷一模一样的包子铺，那么新开一个包子铺需要多少钱，就是包子铺的重置成本。

正常情况下，买下王大爷的包子铺和新开一个包子铺，价格不会差太多。但是，假如买下一个包子铺很便宜，只需要 5 万元，而新开一个包子铺很贵，需要 10 万元，那么大家就倾向于直接买下王大爷的包子铺，这也会使老包子铺的价格水涨船高。反过来，假如新开一个包子铺便宜，只需要 5 万元；而买下包子铺很贵，需要 10 万元，那么大家就倾向于直接新开一个包子铺，不会去买老包子铺了。

所以，市场价格和重置成本，最终会有一个对应关系。有一段时间市场价格高，重置成本低，而另一段时间可能就反过来了。哪种方式更便宜，更划算，大家就会选哪种。包子铺的价格，会围绕重置成本上下波动（见图 1-13）。

图 1-13　以包子铺为例解释重置成本

同理，股票资产也是如此。股票资产，背后对应的是上市公司的资产。上市公司的资产，本身也是物，这个物的价格会随着通货膨胀往上涨。上市公司的重置成本也会随着物价上涨而上涨，从而推动上市公司的股票价格长期上涨。

当我们去投资股票的时候，重置成本上涨了，股票的市场价格也会跟着上涨，这是第一种解释。

不过，细心的朋友可能会问：是不是所有的股票资产都可以抗通货膨胀呢？

其实并不是。这里能够抗通货膨胀的股票资产，需要有一个至关重要的条件——这个公司要赚钱，而且赚的钱得越来越多才行。

其实很好理解，如果王大爷的包子铺年年亏钱，那我们肯定不会想着买下王大爷的包子铺。同理，如果一家上市公司常年亏钱，那它的股票肯定也没有办法抗通货膨胀。

所以，不是所有的股票资产，都可以抗通货膨胀。

第二种解释是通货膨胀转移。

比如，原材料因为通货膨胀而涨价了，那么上市公司可以调整公司产品的价格，也进行相应的价格提升。这样，上市公司赚到的盈利，就可以抗通货膨胀。只要公司盈利增长的速度能够抗通货膨胀，那么这家公司的股票资产也就可以抗通货膨胀了。

很典型的一个案例就是茅台酒。茅台酒有一个出厂价，这个出厂价每隔一段时间就会上调。我们可以看一下过去十几年茅台酒出厂价格的平均走势，如图 1-14 所示。

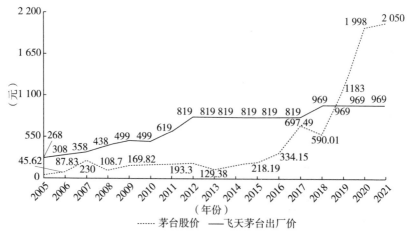

图 1-14　2005—2021 年茅台酒出厂价格以及茅台股份对比
资料来源：万得资讯、茅台官网。

价格越高，盈利也会越来越多。所以我们看到，茅台公司的股价也跟着茅台酒出厂价的上涨而不断上涨。

通过提高产品的出厂价，就可以把通货膨胀转移给消费者。

当然，这里也有个前提，就是公司得有定价权。如果没有定价权，也就是公司生产出来的商品，自己定不了价格，那这种公司不一定能够进行通货膨胀转移。

比如，有的公司生产出来的是一些标准化的产品，像石油、煤炭、钢铁公司的产品，会跟随着全球的石油价格、煤炭价格、钢铁价格波动。没有了定价权，那么也就没有办法将通货膨胀转移给消费者了。

其实大多数公司，只要本身赚钱，通常或多或少有转移通货膨胀的能力。

再举个熟悉的例子，比如去理发店理发，小时候理发可能才要5元，现在理发可能要20元，甚至更多。

这是为什么呢？因为理发店也有一定的定价权，可以把它承受的通货膨胀转移给我们。我们是消费者，想理发，就得承担通货膨胀转移。

所以，股票资产，只要公司有定价权，就可以把通货膨胀转移给消费者，从而实现抗通货膨胀。

重置成本和通货膨胀转移，这两种方式，哪种更有道理呢？其实这两种说法都有道理，只不过一个是从资产的角度来解释，一个是从赢利的角度来解释。

投资 A 股， 长期收益有多少

有朋友问：总听人说"炒股"亏了很多钱，投资 A 股真的能赚到钱，还能跑赢通货膨胀吗？

答案是肯定的。

其实大多数股票市场，只要背后的国家经济正常发展，其股市基本都是长期提供正收益的，也是可以长期跑赢通货膨胀的。A 股也不例外。

我们先来看看，股市为什么可以长期上涨。

股市是由一只只股票组成的，每一只股票的背后都有一家上市公司。

什么是公司呢？公司是以营利为目的，运用各种生产要素向市场提供产品和服务的一种经济组织。换句话说，公司就是要赚钱的。如果不赚钱，公司就无法长期存续，所以一家公司可能会亏损倒闭。但是一个社会只要正常发展，这个社会的公司整体就是赚钱的。

公司之前赚到的盈利，会在之后的生产中变成一种生产要素。比如说公司赚了 1 亿元，之后这 1 亿元如果还在公司手中，就是公司的生产要素。公司可以用这些钱买更多的设备、原材料，招更多的员工。所以只要公司赚钱，整个公司的生产要素就会越来越多。公司的净资产会增加，公司也可以赚到越来越多的钱。其实盈利再投入，也是公司盈利复利增长的核心。

股票是公司的所有权。买了上市公司的股票，就相当于拥有了这个公司的一部分。

公司的市值＝市盈率×公司总盈利

如果公司正常经营，市盈率会在一个范围内来回波动，它是有上下限的。而且，公司的总盈利会越来越多。所以，公司的市值长期来看是会越来越大的。

上市公司整体是一个国家优质的资产。上市有门槛，公司必须要证明自己的实力，才能获得上市的资格。虽然有一些滥竽充数的公司，但是整体来看，一个国家最优质的一批公司，一定大部分都上市了。

上市公司作为一个整体的盈利增速，会比这个国家全社会的平均增速更高一些。所以，大多数正常发展的国家，股票市场都是长期上涨的。A股也是如此。

那投资A股长期收益有多少？

我们来看一个A股的代表性指数——中证全指。我们通常说的上证指数，其实主要是上海证券交易所的股票，缺少了深圳证券交易所的股票。中证全指代表性更广一些，覆盖了A股全部上市公司。

中证全指从2004年的1 000点起步，到2022年10月31日，涨到了4 500点，如图1-15所示。如果再加上分红的收益，中证全指全收益指数涨到了5 706点。

期间股市经历了多轮牛熊，所以估值对收益的影响就比较小

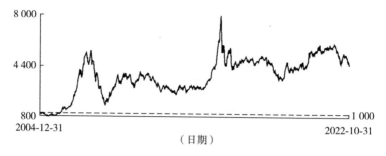

图 1-15　中证全指走势

资料来源：万得资讯。

了，主要是 A 股全部上市公司长期盈利增长所带来的收益。过去十几年，A 股长期平均年化收益率为 10%~11%。

很多人喜欢拿 A 股跟美股进行比较，觉得美股的收益更高。其实，从历史上看，美股能够提供 10% 左右的平均年化收益率。A 股和美股的长期收益是差不多的。所以，A 股的投资回报并不差，也是长期跑赢通货膨胀的。

再好的资产，也要买得便宜

既然股票市场长期收益不错，那为什么大家的印象仍然是"炒股亏钱"呢？

这是因为股票资产抗通货膨胀、收益好，是从一个很长的周期里去体现的。如果单看其中短短几年时间，股票资产难免会涨涨跌跌，甚至有的年份是负收益。

我们以美股的纳斯达克 100 指数为例。纳斯达克是美股的一个股票市场，纳斯达克100指数投资的是纳斯达克规模最大的100家大型企业。像大家熟知的苹果、微软、亚马逊、特斯拉等公司的股票，都是纳斯达克100指数的重仓股。

从1995年开始，纳斯达克100指数飞速上涨，到2000年，上涨到了4 816点。然而，在2000—2001年，纳斯达克100指数暴跌了80%。这个跌幅，堪称人类历史上最大的股灾之一。之后，纳斯达克100指数低迷了很长一段时间，一直到2017年，才重新回到4 800点。1995—2021年纳斯达克100指数走势如图1-16所示。

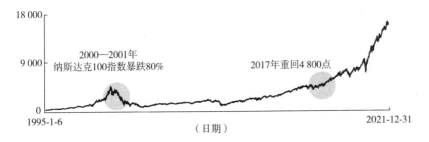

图1-16　1995—2021年纳斯达克100指数走势
资料来源：万得资讯。

也就是说，如果我们在2000年高位的时候投资了纳斯达克100指数，那一直到2017年，这长达18年的时间里，都是不赚钱的。

即便股票资产的长期收益不错，但如果买贵了，也可能是负收益，更谈不上抗通货膨胀了。

假如我们换一个时间段，等到2008年金融危机、美股大跌的时候进行投资，也就是在比较便宜的阶段进行投资，那么到现在，收益是非常不错的。2008—2021年纳斯达克100指数走势如图1-17所示。

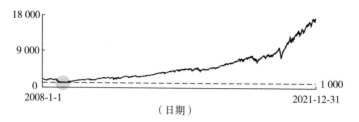

图 1-17 2008—2021 年纳斯达克 100 指数走势

资料来源：万得资讯。

纳斯达克 100 指数是过去几十年里，收益最好的宽基指数之一。但即便是纳斯达克 100 指数，如果是在牛市比较贵的时候买入，之后也会被套 18 年。

A 股也有类似的情况。如果在 2007 年牛市高位买入股票资产，可能会被套十几年的时间。最主要的一个原因，就是 2007 年时的 A 股太贵了。

所以，股票资产并不是任何时间段买入收益都是不错的。如果买贵了，本身是负收益，当然就谈不上抗通货膨胀了，甚至可能会带来反效果。

再好的品种，也要买得便宜。

好品种 + 好价格 = 好收益

财富规划该怎么做

人力资产、优质房地产和股票资产，都可以跑赢通货膨胀。那么一个家庭，该怎么运用好这几种资产，发挥好各自的优势，让家庭财富不断积累呢？

我们的整个投资生涯，如果用一句话来概括，那就是《史记》中的："无财作力，少有斗智，既饶争时。"

年轻的时候没有钱，凭借人力资产积累第一桶金。赚到一定的钱，想办法做好投资。年纪大了，养老的时候求安稳。争取让自己的幸福生活持续的时间长一些。

年轻时，最重要的事是提升自己

年轻时，一般是靠工资收入来跑赢通货膨胀。因为在刚开始工作的几年，工资提升的速度，比通过股市赚钱要快。

螺丝钉的读者中，有一些在校学生和刚开始工作不久的上班族。之前有一位刚上班不久的浙江女孩，说目前单身，每个月收入并不高。但是她过得很节约，除去各种生活上的开支，最后每个月能攒下大约 2 000 元。然后还要从每个月的结余中给父母一些，并做好定投计划。这样做了一段时间之后，感觉很吃力，觉得就靠这么点儿钱来定投，不知什么时候才能财务自由。

她非常有孝心，不过"巧妇难为无米之炊"啊。其实在我们年轻时，收入只是暂时比较低，应该优先把自己人力资产的价值发掘出来。

很多非常优秀的年轻人，通过在专业能力上不断努力提升，让工资收入提升两三倍并不是一件很难的事情，这样的案例比比皆是。

而投资股票基金，几年时间赚两三倍，得遇到大牛市才行，短期内很难实现。并且即便来了牛市，赚了一笔，但如果本金太少，实际上也解决不了太多生活上的问题。100 元赚了 100%，也就赚了 100 元。

所以年轻的时候，最重要的事是提升自己，让收入增长，这也是更加可靠的。

当然，这并不是说这个过程就不需要投资理财了，而是在提升自己的同时，拿出少量的资金来进行投资尝试，积累一些投资经验。

因为投资这件事情，当遇到市场波动的时候，有没有真正拿出资金投入，心理感受是完全不同的。

只有当我们把真金白银投入市场，我们才能真正积累起投资的实战经验，才不会仅限于纸上谈兵。并且，投入 1 万元和投入 100 万元，在遇到市场波动的时候，心理感受也是完全不同的。

这些，都需要时间来积累。所以，这一阶段的投资，不指望能赚多少钱，但可以积累宝贵的市场经验，为后面的投资做准备。

中年后，做好资产配置让"钱生钱"

人到中年，我们的事业进入稳定阶段，此时的收入处于人生巅峰。这之后，收入的增速可能会逐渐放缓，也就是仍然会继续赚钱，只不过工资的增长速度不像之前那么高了。到了退休之后，收入也许还会下滑。

在这段时间里，主要靠投资理财，做好家庭资产配置，以此来跑赢通货膨胀，并且获得不错的晚年生活品质。

这时的家庭资产中，可以综合配置不同的资产大类。不同的资产大类，涨跌不是同步的，这样可以增加家庭资产的抗风险能力。

对大部分普通家庭来说，掌握好股票基金、债券基金两大类资产的配置，就可以获得一个不错的回报了。

具体的家庭资产配置方法，会在后面章节中详细介绍。

投资者笔记

- 能跑赢通货膨胀的资产，主要是三类：优秀的人力资产、优质的房地产资产、优质的股票资产。

- 人力资产，就是我们自身，可以通过劳动来获取工资等现金流收入。提高学历、努力工作，都可以帮助我们获得更高的工资，从而抗通货膨胀。

- 优质的房地产，通常在一、二线大城市的优质地段，这些城市拥有多个不同的好行业，可以持续吸引人才流入。我们可以买普通的住宅，但一套住宅的价格比较高。我们也可以通过 REITs 来投资，门槛要低很多。

- 过去十几年，A 股长期历史平均年化收益率为 10%~11%，投资股票资产也是能跑赢通货膨胀的。只不过投资的时候，别买贵了，要买得便宜，还要耐心持有。好品种 + 好价格 = 好收益。

- 在人生旅程上，年轻时优先提升自己，此时投资自己带来的回报要远比投资股市带来的回报高。人到中年，把积攒下的家庭财富，做好资产配置，让投资收益帮助提升生活品质。

第 2 章

股票资产
之主动基金

有恒产者有恒心，无恒产者无恒心。

持有资产，是我们实现财务自由的必经之路；而拥有"长期持有资产"的信念，是实现财务自由的第一步。

——银行螺丝钉

股票资产，是一个资产大类。像个股、包括一篮子股票的基金、包括一篮子股票基金的投顾组合等，都属于股票资产。

对于普通投资者来说，个股的风险比较大，投资门槛也比较高，而相比之下更适合普通家庭的是基金，或者基金组合。

什么是基金

基金，是一种间接的投资工具。

我们把钱交给基金公司，基金公司拿着这些钱去投资各种资产。如果基金赚了钱，我们也就赚了钱；如果基金亏损，我们也要承担亏损。

简单理解，基金就是一个篮子，里面可以按照预先设定好的规则，装入各种各样的资产。这样做的好处是，把一个篮子的资产分割成若干小份，一小份才几元钱，用较少的资金就可以投资了，如图 2-1 所示。这样一来，原来普通人买不起的资产，现在可以通过购买基金的方式投资了。

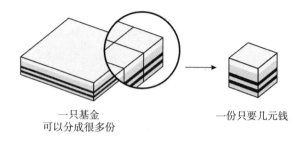

一只基金
可以分成很多份

一份只要几元钱

图2-1　基金帮助投资者用较少的资金投资资产

基金的安全性

基金投资安全吗？我们可能会看到或听到一些新闻，如某产品"跑路"了、"爆雷"了，投资者血本无归。那么，基金投资会出现这样的情况吗？

首先，我们要明白，什么是跑路，什么是爆雷。

什么是跑路？就是我们投资了某个产品，然后这个产品背后的管理者卷钱消失了，导致投资者血亏。

什么是爆雷呢？比如P2P（网络借贷）公司把投资者的钱贷了出去，结果钱收不回来，资金周转不过来，导致无法支付投资者本金和利息。

基金是不会出现这些风险的。为什么呢？

首先，在国内成立一家公募基金公司门槛还是挺高的，对注册资本、股东资产规模、股东信用等都有严格的规定。

其次，一只公募基金产品，资金并不是直接存放在基金公司，而是放在托管银行。我们申购基金的资金，都存放在这个托管账户上。基金经理可以调动这些资金去买股票、债券，但是卖出股票、债券所得的资金，只能回到这个托管账户，如图2-2所示。即使是基金公司，也没有资格把这些资金随意转走。资金只会回到我们的银行卡。所以这种托管机制，决定了公募基金是不可能出现"跑路"的情况的。

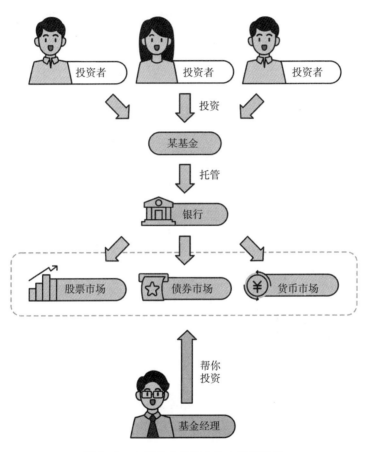

图2-2　公募基金的资金放在托管银行

最后，公募基金受到中国证券监督管理委员会（简称"证监会")、中国证券投资基金业协会（简称"基金业协会"）的严格监管。

另外，公募基金的投资对象受到严格的限制。比如股票基金、债券基金，只能投资在证券交易所里交易的股票、债券等品种。

当然，虽然产品形式没问题，但是具体投资品种的价值，还是需要投资者自己判断挑选。如果买的时候追高买入，遇到市场波动还是有可能亏损的。在后面的章节，我们也会介绍一些投资基金的技巧和方法，帮助大家更好地投资。

基金的分类

基金是一类非常庞大的资产，有各种各样的形式。数量也很多，根据基金业协会官网数据，截至 2022 年 11 月，公募基金已经超过了 1 万只。私募基金数量就更多了，达到十几万只。基金的分类如图 2-3 所示。

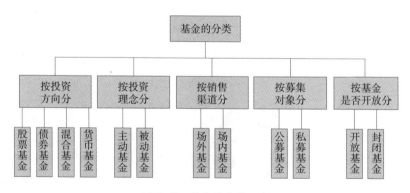

图 2-3　基金的分类示意

经常有朋友问：听说买基金能赚钱，那现在能买哪只？其实，这个问题不好回答。越是简单的问题，越是无法三言两语说清楚。

我们先从基金的分类来讲。可以把基金想象成包子。

按募集对象分

公募基金，投资门槛低，一般几元、几十元起购，大多数人都能买到。也就是说，包子做出来摆在橱窗里，谁来买都可以。

私募基金，投资门槛比较高，通常100万元起投，适合资金量比较大的投资者。也就是说，这类包子是特供的，一般人不知道，只有小部分符合条件的人才能看到并购买。

对个人来说，要成为私募基金的合格投资者，有以下两点要求。

- 具备相应的风险识别能力和风险承受能力，并且投资单只私募基金的金额不能低于100万元。
- 个人金融资产不低于300万元，或者最近3年平均年收入不低于50万元。这里说的是税前收入。

按投资方向分

设想包子里装入各种馅料，因此不同馅的包子可以对应不同的基金，如图2-4所示。

- 肉包子：股票基金，基金里装的80%以上是股票。
- 素包子：债券基金，基金里装的80%以上是债券。
- 什锦包子：混合基金，股票、债券都有，比例比较灵活。
- 糖包子：货币基金，类似活期储蓄。

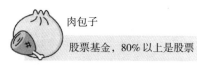
肉包子

股票基金，80%以上是股票

素包子

债券基金，80%以上是债券

什锦包子

混合基金，股票、债券灵活搭配

糖包子

货币基金，类似活期储蓄

图2-4　以不同馅的包子类比不同基金

我们平时接触的基金主要就是这4类。

按投资理念分

有的包子师傅觉得自己凭经验调馅料更好吃，这样的包子可以类比主动基金，即由基金经理来选股、选债。

有的包子师傅觉得自己不能每次调馅料都保持高水准，那干脆把做包子的流程全部严格列出来，做成"包子指南"。怎么选馅料、各种馅料放多少都事先规定好。包子师傅只需要按照事先的规定来调馅料做包子就好。这样做出来的包子水准会比较稳定。这样的包子可以类比被动基金。

像我们熟悉的指数基金，就是被动基金的一种，即按照事先规定好的指数规则来选股，基金经理负责维护这个过程。

只要师傅不犯错，A 师傅按照"包子指南"做出来的包子，跟 B 师傅按照"包子指南"做出来的包子，味道会非常相似。

沪深 300 指数就像"包子指南"，很多基金公司都依照"沪深 300 包子指南"做"沪深 300 包子"，只要基金公司不犯大错，这些"包子"味道都差不多。所以，追踪同一个指数的指数基金，表现会比较接近。

还有一些分类，如按销售渠道，可以分为：场内基金、场外基金；按基金是否开放，可以分为：开放基金、封闭基金。

这些分类之间，彼此并不冲突。比如，一只沪深 300 指数基金，既是公募基金，也是股票基金，还是被动基金。

感兴趣的朋友可以看螺丝钉之前的著作《指数基金投资指南》，里面详细介绍了指数基金。

而本书重点介绍的，是主动基金，并且是以股票资产为主的主动基金。

高收益，往往伴随着高风险

这大概是大家最关心的问题了：我投资某一类基金，会有多高的收益和多大的风险呢？

我们平时接触的基金主要有三种：货币基金、债券基金、股票基金。假设把国内所有的货币基金买下来，可以得到一个平均收益，这就是货币基金总指数。同样地，我们可以得到债券基金总指数、股票基金总指数。这三个指数都是从 2004 年开始起步，它们的收益情况如图 2-5 所示。

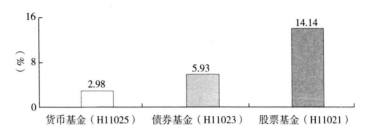

图 2-5　2004—2021 年各类基金平均年化收益率
资料来源：万得资讯。

可以看到，从 2004—2021 年，国内所有货币基金的平均年化收益率是 2.98%，所有债券基金的平均年化收益率是 5.93%，所有股票基金的平均年化收益率是 14.14%。从货币基金到债券基金，再到股票基金，年化收益率一个比一个高。

不过，我们投资的时候，不能只看收益情况，还得看投资时要面对的风险。这里的风险，主要指持有过程中的波动风险。

虽然长期来看这三类资产的收益都是上涨的，但是在持有过程中短期会有波动，基金的收益也会出现短期变化，而不是均匀上涨的。从货币基金到债券基金，再到股票基金，波动风险也是一个比一个大。

这三类基金过去十几年的历史走势情况，如图 2-6 所示。

最下面的线，表示货币基金的走势。整体来看，货币基金几乎没有下跌，它本身波动风险很小。所以，货币基金适合用来打理零钱，随取随用，不用太担心风险。

中间的线，表示债券基金的走势。债券基金长期收益比货币基

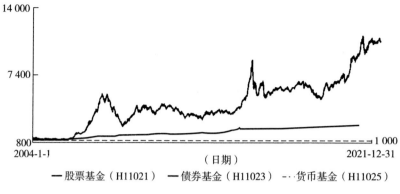

图 2-6　2004—2021 年各类基金历史走势

资料来源：万得资讯。

金高，波动风险也要比货币基金高。债券基金在持有过程中，可能会出现百分之几到百分之十几的波动。不过随着投资时间的拉长，债券基金也是可以赢利的。债券基金，适合用来打理 1 ~ 3 年的闲置资金，以及家庭里追求稳健的那部分资金。

最上面也是波动最大的线，表示股票基金的走势。股票基金的长期收益是这三类基金中最高的，波动风险也是最大的。股票基金在持有过程中，可能会出现高达 50% 以上的波动。也就是说，在最差的情况下，如果投资者不懂得股票基金的投资技巧，可能会出现超过 50% 的浮亏。高风险、高收益，是股票基金的特点。但是长期来看，能帮助我们抗通货膨胀的，也是股票基金。

正因如此，投资股票基金的钱，需要 3 ~ 5 年甚至更长时间的闲置资金，同时投资者自身要做好面对波动风险的心理准备。

针对这三类基金的收益和风险，我们再举个形象的例子。货币基金、债券基金就好比一份稳定的工作，收入比较确定，但增长缓慢。股票基金就好比出海探险，失败了损失惨重，一旦成功收获巨大。想要获得高收益，就要做好面对高风险的心理准备。

如何降低股票基金的投资风险

股票基金波动大，导致我们在投资股票基金的时候，比较难坚持下来。因为大多数投资者看到账面浮亏，都会非常难受。如果没有坚持住，在浮亏的时候卖出，那就变成"实亏"了，不但没赚到钱，还亏了钱。

如何降低这种风险，拿到股票基金的长期好收益呢？答案就是：耐心持有。

本书后面章节会介绍一些帮助我们真正做到耐心持有的小技巧，大多数技巧都跟投资者的心理有关。

《公募权益类基金投资者盈利洞察报告》数据表明，投资者的盈利水平与持仓时间长度正相关。持有基金时间越长，投资者平均收益率越高。

以下是持有时间对应的盈利比例和平均收益率情况。

- 小于 3 个月，盈利比例 39.10%，平均收益率 −1.47%。
- 3 ~ 6 个月，盈利比例 63.72%，平均收益率 5.75%。
- 6 ~ 12 个月，盈利比例 72.54%，平均收益率 10.94%。
- 12 ~ 36 个月，盈利比例 73.76%，平均收益率 18.93%。
- 36 ~ 60 个月，盈利比例 64.98%，平均收益率 21.96%。

- 60 ~ 120 个月，盈利比例 73.79%，平均收益率 39.70%。
- 120 个月以上，盈利比例 98.41%，平均收益率 117.38%。

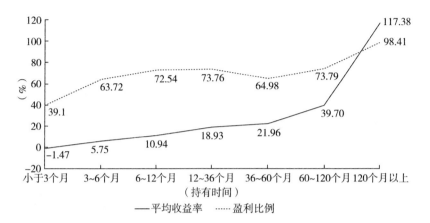

图 2-7　投资者持有时间对应的盈利比例和平均收益率情况对比
资料来源：《公募权益类基金投资者盈利洞察报告》。

不过能长期坚持持有的投资者，并不多。为什么持有时间越长，投资者的盈利越高呢？

$$基金净值 = 市盈率 \times 盈利 + 分红$$

短期里，股价波动会带动市盈率变化。但时间拉长来看，A 股上市公司的整体盈利平均年化增速在 10% 上下。优秀的公司和行业，盈利增长速度更高。

时间拉长到 5 ~ 10 年，盈利增长会推动基金净值出现大幅上涨。坚持下来的投资者大概率会得到不错的收益。

所以在投资股票基金时，需要注意：用 3 ~ 5 年甚至更长时间的闲置资金来投资。

资金不急用，遇到波动时也更容易坚持下来。

提高收益率的秘密：低频交易、长期持有少折腾

《公募权益类基金投资者盈利洞察报告》还有两个比较有意思的结论：（1）女性投资者平均收益率更高；（2）年龄越大的投资者收益率越高。

从投资者人数上看，男女比例基本是对半的，但为什么女性投资者收益率比男性更高呢？

女性投资者交易频率更低，更能拿得住基金。女性投资者的平均交易频率为 2.57 次/月，男性投资者是 3.08 次/月。敢投、会投、有耐心，这是女性投资者的特点。

其实在行为金融学中，很早就有类似的研究。

加州大学的巴伯（Barber）和欧迪恩（Odean）教授，在 2001 年 2 月的《经济学（季刊）》发表论文，研究不同性别的投资者，在股票投资时行为的区别。

他们对 35 000 个股票账户，调查了 6 年的时间，发现女性和男性在交易行为上有比较大的差别。男性往往过度自信，觉得自己发现了投资机会，会更积极地行动，因此男性投资者交易频率更高，比女性高出 45%。过高的交易成本，使男性的平均收益率被拉低了 2.65%。

而女性的交易频率较低，交易成本也低，平均收益率只被拉低了 1.72%，因此女性的平均收益率会更高一些。

不管美股还是 A 股，女性投资者的平均收益率都是略高一些。

另外，男性是否单身对其投资行为也有影响，因为是否单身会影响男性体内的激素水平。单身男性的雄性激素水平更高，相较非单身的男性，交易频率进一步提高了。男性整体的交易频率比女性高 45%，但单身男性比女性的交易频率要高出 67%。

男性越单身，越冲动，这也顺应了生物的本能。年轻的时候有闯劲是好事，敢打敢拼，但在投资领域，冲动不是件太好的事情，充分的耐心更重要。

当男性年龄增大，体内雄性激素水平下降，交易频率也会降低，更能拿得住，长期持有，投资收益率也就提高了。

如果把投资者按照年龄来区分，截至 2021 年 3 月 31 日，他们的盈利比例和平均收益率如下。

- 60～100 岁，盈利比例 60.42%，平均收益率 19.05%。
- 50～60 岁，盈利比例 58.16%，平均收益率 14.17%。
- 40～50 岁，盈利比例 56.98%，平均收益率 11.64%。
- 30～40 岁，盈利比例 53.05%，平均收益率 6.38%。
- 22～30 岁，盈利比例 47.26%，平均收益率 2.72%。
- 18～22 岁，盈利比例 40.18%，平均收益率 −0.32%。

整体来看，年龄越大，盈利比例越高，平均收益率越高。年轻的投资者，通常交易活跃，反而不利于投资收益率；年龄大的投资者，经历过更长期的牛熊市，知道耐心持有的重要性，平均收益率也更高。

女性跟年长投资者收益率高的原因，都是因为更有耐心：低频交易，长期持有少折腾，收益自然水到渠成。

买股票，就是买公司。现实世界中，我们见过哪个老板，每几天就把手里的公司买卖一遍？股票基金投资，也是一样的道理。螺丝钉常说：耐心，是投资者最好的美德。

其实，不管是男性还是女性投资者，明白了相关的道理，任何人都可以做到耐心、长期投资。这也是本书希望帮助大家做到的事情。

主动基金和指数基金，有什么区别

股票基金收益高，风险也高。如何挑选股票基金，就非常关键了。

股票基金有两类：一类是主动基金，主要依靠基金经理挑选股票；另一类是被动基金，例如指数基金，主要根据指数挑选股票。那么，主动基金和指数基金有什么区别？主动基金该怎么投资呢？

其实这两个品种，都属于股票基金。只不过，指数基金是被动型，主动基金是主动型。两者各有各的优势。

简单来说，它们的区别主要有以下两点。

第一个区别，在于透明度。从持仓情况来看，指数基金透明度更高。

其实，无论是指数基金还是主动基金，都不会告诉投资者基金当前持有的股票和比例。

只有在每季度或者每年的定期报告中，才会披露一部分数据。不过，指数基金有一个特点，就是严格追踪指数。

虽然我们不知道指数基金当前持仓，但指数公司会披露指数的数据。比如，一个指数按照什么规则选股，持有哪些股票，每只股票的比例，下一批股票什么时候调整等，每天都可以看到。一般可以在指数网站或者金融终端里查到。

那么，如果指数有投资价值，只要对应的指数基金追踪指数没什么问题，大概率也是有投资价值的。

螺丝钉每天在公众号"银行螺丝钉"持续更新估值表，如图2-8所示，实际上就是指数的估值数据。指数基金追踪指数，因此可以参考同一套估值数据。

在图2-8的估值表里，从上往下第1部分（绿色部分）代表目前处于低估的品种，具有不错的投资价值。第2部分（黄色部分）代表目前处于正常估值的品种，可以继续持有。第3部分（红色部分）代表目前处于高估的品种，可以考虑卖出止盈。

到2022年年底螺丝钉已经更新超过2 000期，坚持了8年，以后会继续每天更新，目标是持续更新到10 000期以上。感兴趣的朋友可以每天来看看这个估值表，它可以作为投资指数基金的参考。

主动基金就没那么透明了，我们没办法精准地知道主动基金每天持仓的情况，有什么变动也无法及时知晓。因为主动基金的基金经理并不会每天都披露自己持有的股票，或者做了什么买入卖出的动作。

螺丝钉星级 ★★★★							
20220222	盈利收益率	市盈率	市净率	股息率	ROE	场内基金	场外基金
50AH优选	10.29%	9.72	0.99	3.03%	10.19%	501050	501050
H股指数	10.67%	9.37	1.03	2.56%	10.97%	510900	110031
央视50	10.31%	9.70	1.16	2.26%	11.98%	159965	217027
300价值	10.06%	9.94	1.00	2.82%	10.07%		519671
恒生指数	10.03%	9.97	1.06	3.14%	10.63%	159920	000071
中证800		13.91	1.50	1.38%	10.78%	515800	010673
中证500		23.03	1.93	1.05%	8.39%	510580	161017
医药100		24.87	4.82	0.49%	19.38%		001550
中证养老		20.40	2.91	1.12%	14.28%		000968
中证银行			0.89	2.90%		512800	001594
证券行业			1.53			512000	004069
科创50		49.90	5.67	0.43%	11.37%	588080	
基本面50	9.69%	10.32	0.96	2.97%	9.34%	512750	160716
上证50	9.41%	10.63	1.29	2.23%	12.17%	510100	110003
上证红利	7.91%	12.65	1.11	4.20%	8.74%	510880	
中证红利	8.37%	11.94	1.11	4.05%	9.32%	515180	090010
沪深300		12.43	1.49	1.52%	12.00%	510310	110020
500低波动		29.05	1.50	1.45%	5.17%	512260	003318
红利机会		16.35	1.79	2.75%	10.95%	501029	501029
上证180	9.06%	11.04	1.19	1.90%	10.76%	510180	040180
可选消费		26.07	2.83	1.24%	10.84%	159936	001133
深证成指		25.30	3.04	0.66%	12.01%	159943	163109
香港中小		12.85	1.51		11.75%	501021	501021
基本面120		18.90	2.50	0.94%	13.25%	159910	070023
基本面60		17.30	2.62	0.96%	15.12%	159916	530015
中证消费		34.55	7.38	0.69%	21.35%	159928	000248
标普500		19.89	4.33		21.76%	513500	050025
纳斯达克100		25.28	7.40		29.28%	513100	161130
深证100		25.26	3.82	0.62%	15.11%	159901	161227
创业板		46.32	7.10	0.20%	15.34%	159915	161022
十年期国债	2.86%						by 银行螺丝钉

图 2-8　银行螺丝钉估值表 *

* 彩色的银行螺丝钉估值表详见文前拉页。

不过通过季报、半年报、年报等定期报告，我们还是有方法可以对一只主动基金进行分析的。详细分析方法也会在后面章节中介绍。

第二个区别，就在于人了。

指数是不会"退休"的。它是个规则，不要工资，不需要休息。

指数基金的基金经理，主要负责维护好指数基金的运作，比如严格追踪指数等。更换基金经理，对指数基金的影响比较小。

但如果主动基金更换了基金经理，那就要引起重视了，因为买主动基金就是买基金经理，需要重新评估新任基金经理的投资能力。

所以，主动基金的投资难度，相比指数基金而言，要大一些。不过这个问题，也可以通过买入一篮子主动基金构建投资组合的方式来化解。

巧妇难为无米之炊

我们投资时还要考虑的一点，就是投资品种的数量是否足够丰富，能不能满足投资的需求。

目前，A 股的指数基金历史还比较短，从诞生到现在仅有十几年的历史，还是一个比较新兴的事物。

主动基金发展时间较长，从数量和规模上来看，主动基金要更占优势一些。

根据万得资讯的数据，截至 2022 年 9 月 30 日，全部基金中，主动基金一共有 8 441 只，规模约为 24 万亿元；被动基金总共 1 749 只，规模约为 2 万亿元。具体如图 2-9 所示。

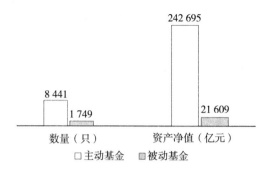

图 2-9　主动基金与被动基金的数量和规模对比

资料来源：万得资讯，截至 2022 年 9 月 30 日。

海外市场的基金也有类似的特点。比如说美股市场，20 世纪 70 年代指数基金诞生。之后几十年时间里，美股主动基金数量和规模一直都是超过指数基金的。直到 2019 年前后，美股指数基金规模才首次超过了美股主动基金。这个时间用了 40 多年。

而 A 股指数基金才十几年时间的历史，所以规模和数量远远小于主动基金，还是一个相对小众的产品。

巧妇难为无米之炊。有的时候，即便我们想要投资某只指数基金，可能会发现还没有合适的产品出现。

而优秀的基金经理，有自主选股的权利，可以满足我们投资多样性的需求。

所以，主动基金和指数基金，现阶段都可以成为我们投资股票基金的对象。

就投资难度来说，指数基金规则清晰，人为因素的干扰少，更容易掌握。可以先掌握指数基金的投资技巧，再掌握主动基金，会事半功倍。关于指数基金的投资技巧，可以看看银行螺丝钉之前写的《指数基金投资指南》一书。

指数基金和主动基金，哪个收益更高

肯定有朋友会问：指数基金和主动基金，哪个收益更高呢？

举个形象的例子：包子铺。我们打算投资包子铺这个行业，有三种方式可以考虑，如图2-10所示。

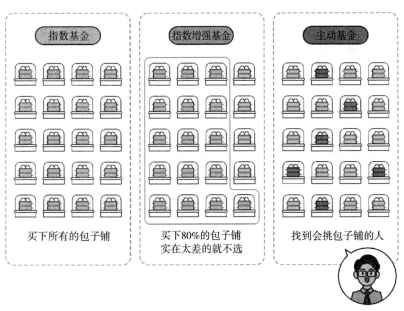

图2-10 以投资包子铺为例说明三类基金的原理

指数基金

这样做的好处是，虽然可能某一个包子铺经营不善关门了，但是包子铺这个行业是长期存在的，而且长期是可以赚钱的。那我们就参考"包子铺行业指数",买下这个地区所有的包子铺。这就是指数基金的投资思路。

指数增强基金

比如说当地有100家包子铺,但后面的20家是长期盈利不太好,甚至是亏损的包子铺。那可以把这部分剔除,重点投资前80家盈利能力比较强的包子铺。指数增强基金是类似的逻辑,80%按照指数成分股去投资,剩下的20%做一些其他操作,希望能增厚收益。

主动基金

不再考虑把所有或者大部分的包子铺买下来了,而是找到对包子铺这个行业很了解的人。然后让这个人从所有的包子铺里面,选出经营更好的那几家,再进行投资。这就是主动基金的逻辑,由更专业的基金经理进行选股投资。因为主动基金是由基金经理来进行选股的,所以个人的投资能力显得尤其重要。

再来看收益情况。假设我们不考虑低估买入、高估卖出,也不考虑止盈等策略。就是买入后一直持有不动,坚持一两轮以上牛熊市。

通常来说,指数增强基金能跑赢指数3%~5%。这是历史上指数增强基金大概能获得的超额收益。经过优秀基金经理筛选的主动基金,历史长期年化收益率大概能够跑赢指数5%。

为什么会出现这个差异呢?

一个很重要的原因在于基金的规则:指数基金和指数增强基金的股票比例始终保持较高。主动基金的股票比例可以调整,如可以降到 70% 甚至更低。

在牛市初期，指数基金、指数增强基金、主动基金的股票比例都可以达到 90% 以上。

这种情况下，它们都可以拿到市场上涨这部分的收益。到了牛市中后期，假设到了 2015 年五六千点的情况，指数基金和指数增强基金是不能降低股票比例的，在牛市高位仍然要保持较高的股票比例。而主动基金经理，可以选择把股票比例降下来。这就相当于在牛市高位止盈，赚到了额外的一部分收益。

那指数基金和指数增强基金，就没办法赚到这部分额外收益了吗？

其实也不是的，但此时需要投资者自己手动操作。如果投资者能及时手动赎回，也可以把这部分收益"落袋为安"。这就比较考验投资者自身的投资能力了。

如果掌握了本书后面章节介绍的投资技巧，投资者也是可以做到的。另外，随着市场逐渐成熟，能跑赢指数的主动基金数量也会减少。在本书的后面章节，也会介绍基金行业的演化。

买主动基金，就是买基金经理

买指数基金，重点看指数的投资价值。买主动基金，看的则是基金经理的投资能力。主动基金由基金经理来选择股票，并且决定股票的买入卖出。

打个比方，指数基金可以看作包子铺推出的固定套餐，不管谁是主厨，只要不犯错，按照标准化的操作流程，做出来的东西会非常相似。指数有明确的选股标准，是一套标准化流程，基金经理需要做的是按照这套规则来执行。不同的基金经理，按照规则选出来的股票基本上是一样的。所以，谁来做指数基金的基金经理，对收益的影响都不大。

主动基金经理，更像是特色餐厅的大厨，他掌管的主动基金就是他的拿手好菜。不同的大厨，拿手好菜不同，各有特点。如果一家餐厅的大厨换人，那这家餐厅的口味可能就换了。换句话说，如果主动基金的基金经理换人，后续基金的表现就不好说了。

所以，买主动基金，就是买基金经理。我们投资主动基金，就是看好基金经理的投资能力。我们把资金托付给基金经理来投资，由基金经理决定买什么股票、买多少，什么时候买、什么时候卖。

优秀基金经理，能帮我们带来多少收益

既然买主动基金就是买基金经理，那么我们肯定希望能选出投资能力强的基金经理。投资能力强的基金经理，能为我们带来什么呢？

从投资范围的角度，我们可以来分别看一下以下三种情况：全市场的收益、股票基金的收益、优秀基金经理的收益。投资的范围是逐渐缩小的。

首先，来看全市场的收益。

这个数据可以看中证全指。在第1章我们已经讲过，中证全指

是比较有代表性的指数，覆盖了 A 股的全部上市公司。中证全指从 2004 年的 1 000 点起步，到 2022 年 10 月 31 日，涨到了 4 500 点（见图 1–15）。这期间 A 股的长期平均年化收益率为 10% ~ 11%。

不过中证全指覆盖了 A 股的几千家上市公司，其中有的盈利能力比较强，有的盈利能力弱一些，甚至有的公司是亏钱的。

接下来，看看股票基金的收益。

A 股有一个股票基金总指数。这个指数是假设把全部的股票基金买下来能拿到的收益率。

从图 2–11 可以看出股票基金总指数从 2004 年的 1 000 点起步，到 2022 年 9 月 30 日涨到了 9 822 点。

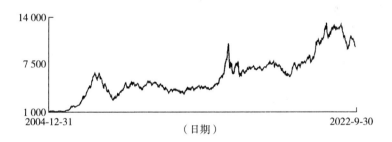

图 2–11　股票基金总指数的走势
资料来源：万得资讯。

过去十几年，股票基金总指数的历史平均年化收益率在 14% 左右。也就是说，A 股全部股票基金的长期平均年化收益率比中证全指高了 3% ~ 4%。

这个差距，主要就是基金精选股票带来的。股票基金不需要投资全部上市公司，而是挑选出盈利能力较强的股票。

最后，来看优秀基金经理的收益。

如果在股票基金选股的基础上，进一步精选一些优秀基金经理，这些优秀基金经理有更好的历史长期收益，会怎样呢？

过去十几年，A股也有各种不同风格的优秀基金经理。比如，有的是投资高成长股票的成长风格，有的是投资低估值股票的价值风格。但不管是什么风格，最优秀的基金经理，从10年以上的角度观察，长期年化收益率最高基本也就在20%上下。这也是我们投资股票基金所能期待的收益率"天花板"。

实际上，能达到20%收益率的优秀基金经理并不多。长期年化收益率能做到15%~20%，就已经是优秀的基金经理了。

所以在投资时，如果我们能精选出一篮子从业时间长、年化收益率相对较好，或者比较有潜力的优秀基金经理，就可以帮我们创造出超越市场整体平均的超额收益。

主动基金的最大风险，是人的风险

还是那句话："关注收益的同时，也要关注风险。"

我们做投资，最终的目的是买到优质的资产，帮我们赚钱，帮我们提升生活质量，而不是亏钱。所以，不能一味追求更高的收益，也要关注会面临多大的风险。如果超出了自己的风险承受能力，或者不清楚即将面对的风险是什么，那再高的收益可能也是拿不住的。

既然买主动基金就是买基金经理，那么可能会存在什么样的风险呢？人的因素，就是最大的风险。

基金经理会有自己的职业规划。主动基金如果业绩比较好，基金经理是有可能跳槽的。有统计数据显示，市场行情越好，公募基金的基金经理离职率越高。

截至 2022 年 5 月月底，国内公募基金经理平均任职年限大多为 4 年多。只有少数基金公司，基金经理的平均任职年限超过了 5 年，具体如表 2 - 1 所示。这个时间长度，还不到一轮牛熊市时间。

表 2 - 1　国内部分公募基金公司基金经理平均任职年限

基金公司	基金经理平均任职年限（年）
易方达基金	5.24
华夏基金	4.47
广发基金	4.89
富国基金	5.07
汇添富基金	4.76
南方基金	5.36
招商基金	4.56
博时基金	4.78
嘉实基金	4.20
工银瑞信基金	5.94

资料来源：万得资讯，截至 2022 年 5 月月底。

牛市，往往是基金经理离职的高峰。特别是一些业绩好但在基金公司没有拿到太好待遇的基金经理，可能会转向私募基金或者跳槽。因为私募基金有业绩提成，整体收费更高。

根据之前券商的调研数据，公募基金的基金经理转向私募基金，有两波高峰：第一波是在 2007 年；第二波是在 2015 年。

2015 年，A 股大牛市，有超过 200 位基金经理离职转向私募基金。2018 年，A 股大熊市，只有 11 位基金经理转向私募基金。具体是否离职，可以以基金公司公告为准。

可以看出，基金经理是一个流动性比较强的职业。

比如我们看好了一位主动基金经理，其投资业绩不错，但也有可能过几年这位基金经理就离职了。如果投资的基金，基金经理离职了，对后面的收益还是有很大影响的。

再比如，基金经理也会有退休的一天。当年知名的基金经理彼得·林奇，在最辉煌的时候辞去了基金经理的职务。他在任期间，管理的基金的收益是大幅跑赢市场的，但他退休后，基金表现就相对一般了。

家庭投资通常需要几十年的长度，如果跟基金经理的职业生涯不匹配，那还是有风险的。不过大家也不用太担心，这个难点可以通过"投顾组合"等组合投资的方式来克服。

我们可以构建一个主动优选基金经理池，选出几十位比较优秀的基金经理，然后分散配置。这样可以化解基金经理的职业风险。如果有基金经理离职，我们可以随时替换新的同类型基金经理。用基金指数的方式，来减少单个基金经理的不确定性。这个方法，也会在后面的章节详细介绍。

基金经理的职业道德，至关重要

人，都有道德观。

想要成为基金经理，必须通过专业考试，合格后持证上岗。其中一门考试就是"基金法律法规、职业道德与业务规范"。

不过在金融市场，并不是所有人都会坚持职业操守。一些基金经理，没能通过正规的投资方式取得高收益，就会剑走偏锋。

这里给大家介绍一下以前出现过的4种利益输送方式，希望能让大家在投资的时候，可以更好地识别风险，减少可能出现的损失。

第一种方式，是机构找一家小的上市公司，跟上市公司商量好，先慢慢收集上市公司的股份。这段时间里，上市公司释放利好消息，一起拉抬股价。因为市场上剩余股份越来越少，大部分股份在上市公司和机构手里。所以股价是多少，都是它们自己决定。很短时间里，拉抬几倍涨幅都很容易，因为都是自己人在交易。等散户进来得差不多了，然后大举卖出，完成收割。股价会有一个突然的大幅暴跌，被一些股民称为"一字断魂刀"。

第二种方式，是大股东想要卖出手里的股票变现。但如果直接在市场上卖出，会引发股价大幅波动。这时就会先找接盘的下家。有一些没有职业道德的基金经理，本身业绩也不好，就会选择参与这个业务，用基金的钱接盘，自己去拿回扣。

第三种方式，是"老鼠仓"。基金经理准备买一只股票，在买入之前，家人先买好。然后基金经理买入股票拉抬股价，家人再卖掉，进行利益输送。

第四种也是比较隐蔽的一种方式，基金经理跟券商商量好，短期高频地买卖手里的股票，创造大量的交易佣金，券商再把佣金返给基金经理。

这都是前些年出现过的一些真实案例。其中不少参与的基金经理被处罚或者入狱。以上几种情况，对我们投资基金有什么影响呢？

首先，指数基金是不会有这种情况的，因为指数基金只能按照指数的规则来配置股票。要买什么股票、配置多少比例，都是严格按照指数规则来的。基金经理即便想做点什么，也没有空间。

其次，大型基金公司和知名基金经理并不缺少规模和收益，没必要去做这种事情，否则一旦暴露，会被处罚，相关牌照、从业资格甚至会被吊销。比如说基金公司，有一个很重要的业务来源，是管理大型机构的钱，例如社保基金、养老金等。如果出现这种情况，相应业务资格丢了，那损失可就大了。所以大型基金公司，会有严格的风控，来杜绝内部人员违法犯罪。

长期投资能力优秀的知名基金经理，完全可以合法合规地发展，不会为了几万元、几十万元的回扣链而走险。所以在通常情况下，如果是挑选出的优秀基金经理，职业道德上的风险不会太大，不用太担心。

基金经理风格漂移要不得

我们在挑选基金经理的时候，通常会看的一项重要指标就是基金经理的投资风格。具体的风格介绍，会在第3章讲解。

不过有一些基金经理投资风格不太稳定，这种情况叫作"风格漂移"。

投资主动基金，比较怕的就是风格漂移。比如说看小盘股涨得好就追小盘股，看大盘股涨得好就追大盘股。风格飘忽不定的基金经理，长期是很难从市场稳定盈利的。这些品种，即便短期收益不错，最好也不要考虑。

对主动基金的基金经理来说，风格稳定是很重要的事情。通常长期业绩优秀的主动基金，其基金经理是有自己比较稳定的投资策略和风格的。

投资者可以接受基金经理短期业绩不好，但如果风格飘忽不定，那就无从判断了。

言行一致，才有助于投资者判断基金的投资价值。

总而言之，主动基金，增加了基金经理人的风险，投资的难度比指数基金更高一些。我们可以通过后面章节介绍的基金组合等方式，来减少单个基金经理的风险。

投资者笔记

———————

- 从货币基金到债券基金，再到股票基金，它们的年化收益率一个比一个高，波动风险也是一个比一个高。投资的时候，要有相应的心理准备。
- 耐心持有，是提高投资股票基金收益的好方法。数据表明，持有基金时间越长，投资者平均收益率越高。
- 买主动基金就是买基金经理，关键要看基金经理的投资能力。
- 优秀基金经理并不多。长期年化收益率能达到15%~20%，就已经是优秀的基金经理了。
- 指数基金和主动基金，都可以成为我们投资股票基金的对象，发挥各自的优势。

———————

第 3 章

主动基金
的投资风格

投资要趁早。

年轻时即使手里的钱不多，也可以拿出不影响生活的一小部分资金，尝试投资，即便踩到"坑"恢复得也快。

更重要的是早早积累了经验，真金白银经历一轮牛熊市，再遇到市场波动，就可以泰然处之了。

——银行螺丝钉

在上一章我们说过，基金经理的投资风格对于判断主动基金的投资价值来说，是很重要的。世上本没有风格，投资大师多了，逐渐就有了风格。

投资者会不断学习和进化。比如说，一位投资者天资聪颖，总结出一套非常好的投资理论和策略。在几十年的实践当中，使用这套策略最后获得了不错的收益，并且把它变成了方法论。之后，很多投资者学习这套方法论，逐渐就演化出了一种投资风格。

最典型的就是本杰明·格雷厄姆。格雷厄姆是一位价值风格的投资大师，之后又成功带出了如沃伦·巴菲特、沃尔特·施洛斯（Walter Schloss）等一众价值风格的投资大师。

再如彼得·林奇。彼得·林奇是美股最著名的基金经理之一，是典型的均衡型投资风格，他同时考虑成长性和估值。

这些大师的投资思路和逻辑，影响了之后的很多投资者，他们把这种思路发扬光大，就形成了不同的投资风格。

那么，都有哪些投资风格呢？

市场上比较早的风格划分，源自晨星九宫格，诞生于 20 世纪

90年代。晨星是全球知名的基金评级机构，为了让投资者比较直观地了解基金投资的风格，晨星给基金做了分类。按照两个维度，第一个维度按照价值、均衡、成长来划分，第二个维度按照大盘、中盘、小盘来划分。于是总共拆出9个格子，如图3-1所示。

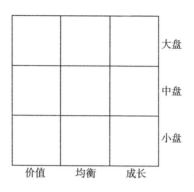

图3-1　晨星九宫格

比如，基金风格可能是小盘价值、中盘价值、大盘价值，也可能是小盘成长、中盘成长、大盘成长。

这里晨星用的价值、均衡、成长，是基于市盈率、市净率等估值指标来判断的。当时晨星网站是按以下划分的。

- 价值风格，指低市盈率、低市净率。
- 成长风格，指高市盈率、高市净率、高盈利成长，盈利增长速度比较高。
- 均衡风格，指估值并没有特别高也没有特别低，处于以上两者之间的那部分股票。

这种划分方式简单。但是在 20 世纪 90 年代的时候，很多人对于投资还没有特别清晰的认知。之后的十几年，随着对投资研究的深入，市场上对于价值、成长、均衡风格有了新的解释：买入市盈率低的股票，可能不是价值投资，反而是低估值陷阱；买入市盈率高的股票，也可能是价值投资，因为有的股票天生市盈率的中枢就会更高一些。比如，以合理的价格买入一家长期成长性很好的龙头公司，这种投资方式也应该属于价值风格。

换句话说，随着对投资研究的逐渐深入，人们对投资风格的理解不再局限于市盈率、市净率绝对数值的高低。

新的投资风格出现了。虽然在字面上它们仍然保留着相同的名字，但代表的含义更广阔了。

常见的 5 种投资风格

目前，在主动基金中，有 5 种常见的投资风格。

第一种是深度价值风格。代表的投资大师是格雷厄姆。这种风格，买入的时候看重低估值，例如低市盈率、低市净率、高股息率。

第二种是成长价值风格。代表的投资大师是"股神"巴菲特。这种风格，是用合理的价格买入优秀的公司，长期持有。所挑选的股票，平均的净资产收益率比较高，长期盈利能力比较优秀。

第三种是均衡风格。代表的投资大师是彼得·林奇。这种风格，综合考虑估值和成长性，挑选又好又便宜的股票。

第四种是成长风格。代表的投资大师是菲利普·费雪（Philip

A. Fisher）。这种风格，主要考虑公司的成长性，也就是公司的盈利。成长性好，意味着持有股票的盈利、收入增长速度比较高。

第五种是深度成长风格。这种风格，格外注重成长性，很多时候挑选的行业是当前规模小、未来成长潜力大的，类似风险投资的方式。

整体来说，价值风格的股票，平均市盈率、市净率等估值数据还是会低一些；而成长风格的股票，平均估值数据会高一些，收入和盈利增长速度也会高一些。

深度价值风格

第一种投资风格，是深度价值风格，代表的投资大师是格雷厄姆。格雷厄姆是巴菲特的老师，也是价值投资风格的创始人，被誉为"证券分析之父"。代表作有《聪明的投资者》《证券分析》，都是投资领域的知名著作。

格雷厄姆为什么会形成深度价值这种投资风格呢？

其实，每一个人的投资策略，都跟他所处的时代有很大的关系。

格雷厄姆投资时，经历了美国"大萧条"、二战。当时很多企业朝不保夕，能不能长期经营都是一个未知数。早期的美股市场不太成熟，涨跌非常剧烈。1929 年美股下跌，当时道琼斯工业指数，从 381 点一路跌到 41 点，美股蒸发了 89%，如图 3 - 2 所示。数百万投资者的积蓄化为乌有，格雷厄姆也濒临破产，不得不回到大学里当教授。所以对于格雷厄姆来说，最好的策略就是买得便宜一些，先保护好自己。他也养成了保守的深度价值风格。

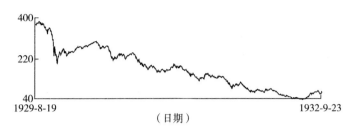

图 3-2　道琼斯工业指数走势

资料来源：万得资讯。

当时很多企业的股价非常低。低到什么程度呢？

有的公司市值，比账面的流动资产还少。这意味着，买下这家公司的股票，然后变卖公司的资产，不仅可以把本钱收回来，还有得赚。比如说一个企业市值200万元，但企业账面上有价值500万元的国债。花200万元买下企业的股份，成为大股东，要求变卖国债。然后进行大比例分红，扣除各种税之后，也能拿到一大笔收益。

格雷厄姆早期，做了很多类似的投资。这种投资策略，被形象地称为"捡烟蒂"。烟蒂不要钱，捡起来还能吸两口。这个策略的称呼虽然"土"一点，但收益率是非常高的。巴菲特早期跟随格雷厄姆做"捡烟蒂"策略的收益率就比他成名后的收益率更高。

虽然"捡烟蒂"策略收益率不错，但也有局限性。大多数时候，都是一些小微企业才出现这种机会。而且这种机会出现的时候，市场通常会比较动荡。随着二战结束，这种投资机会就越来越少了。

格雷厄姆在晚年时（20 世纪 60 年代至 70 年代），变成了投资一篮子估值较低（低市盈率、低市净率、高股息率）的股票的风格。这就演化成深度价值投资风格。

深度价值风格，后来被格雷厄姆的另外一个徒弟沃尔特·施洛斯继承。1955—2002 年，在 40 多年的投资生涯中，施洛斯获得了约 16% 的长期年化收益率。

这也验证了，深度价值风格可以获得不错的长期年化收益率，同时跑赢同期美股大盘。

特点：低市盈率、低市净率、高股息率

深度价值风格，会从估值较低、比较便宜的品种中，寻找投资机会。特点是，投资的品种具备低市盈率、低市净率、高股息率。一些深度价值风格的基金经理，重仓股的平均市盈率只有几倍到十几倍。

市盈率（PE）是最常用的一个估值指标。PE = P/E，其中，P 代表公司市值，E 代表公司盈利。

市盈率与两个变量有关：市值和盈利。所以，使用市盈率的前提有两个：一是流通性好，能够以市价成交；二是盈利稳定，不会有太大波动。

对盈利稳定的企业，市盈率是很好的估值指标。不过市盈率的缺点也很明显，如果公司盈利波动剧烈，市盈率就没有了意义。像证券行业，牛市和熊市业绩相差数十倍，市盈率也会随之波动，牛

市的时候市盈率反而较低。

盈利成长非常快或公司正处于成长期还没有开始盈利，市盈率也会失效，这时的高市盈率不一定代表估值高。选择市盈率来为股票估值，首先就是认同了被估值的品种，盈利已经达到一定规模，并且具备一定的稳定性。

市净率（PB）是市值与净资产的比率，即 PB = P/B，其中，P 代表公司市值，B 代表公司净资产，净资产也被称为账面价值。

市净率的优点是净资产波动更小。净资产的波动不像盈利那么剧烈，也不像盈利那么容易被扭曲。盈利很难预测，但只要公司没亏损，净资产一般不会下跌。

不过市净率也有缺点。单纯看市净率无法得知公司对净资产的运作效率，如果一个公司市净率只有 0.1，看起来很低，但公司连年大幅亏损，开始侵蚀净资产，市净率也会很快被动上升。

另外，市净率也不适合给轻资产的公司估值，像 IT、咨询公司、软件公司等。这些公司的价值很大程度上体现在优秀人才等软性资产身上，但净资产很难评估这些软性资产的价值。

所以，市净率更适合给相对重资产，资产价值稳定，净资产收益率（ROE）能维持在一定水平的公司估值。

最后一个指标是股息率。股息率 = 公司现金分红/公司市值。股息，是投资者在不减少所持有的股权资产的前提下，仍然可以直接分享企业业绩增长的最佳方式。股息率衡量的，就是现金分红的收益率。

按照深度价值这样的方式挑选出来的股票，大多是已经发展到成熟阶段的行业，并且估值比较低。而最近几年低估值的行业，主要是周期性的行业或者暂时比较低迷的行业。包括金融地产、可选消费（传媒、汽车、家电）、材料、能源等。

深度价值风格投资的股票，对应的是经营没有问题，只是暂时被市场风格影响，导致估值较低的公司。平时这些企业的盈利仍然是上涨的，不至于倒下，也会有收益。

买入后，等到价值风格强势的阶段到来，那时收益就会迎来比较大的提升了。比如 2016—2017 年，就是价值风格强势的阶段。

买得便宜，回撤较小

再来看看回撤情况。最大回撤，是假设买在阶段性高点之后会面对的最大浮亏。

由于深度价值风格持有股票的估值比较低，回撤会比大盘小一些，属于相对稳健的品种。

图 3-3 为某深度价值风格的基金在过去十几年时间里的最大回撤情况。图中的阴影部分，代表在前期最高位买入，之后面对的最大浮亏。

可以看到，2015 年、2018 年熊市期间，这只基金的最大回撤在 25% 左右。作为对比，2015 年，沪深 300 指数最大回撤达到43% 左右；2018 年，沪深 300 指数最大回撤达到 32% 左右。所以，遇到市场熊市的时候，深度价值风格基金的回撤通常会小一些。

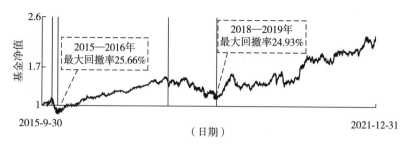

图 3-3　某深度价值风格基金的历史最大回撤率

资料来源：万得资讯。

风格低迷时，考验坚持的毅力

当然，深度价值风格也是有缺点的。

一是，需要低估值的品种比较多，才有得投。巧妇难为无米之炊。如果市场整体比较贵，也就挑不出机会。

二是，深度价值风格的表现比较依赖市场环境，即便挑选出来的企业没问题，遇到市场风格不利的时候，可能也会连续两三年跑输大盘。

比如深度价值风格，2016—2018 年表现出色，但 2019—2020 年连续两年比较低迷，2021 年表现又好了起来。

曾经有一位深度价值风格的基金经理，在 2018 年年初风头一时无两。但随后，市场风格切换，导致他的基金被投资者赎回超过 90%。

任何一种风格都不是始终有效的，都会有强势和弱势的阶段。螺丝钉整理了部分深度价值风格的基金，如表 3-1 所示。仅供参考，不作为投资建议。

表3-1　部分深度价值风格的基金

代码	基金名称	行业偏好	换手率（%）	持股集中度（%）	市盈率	市净率	ROE（%）
260112	景顺长城能源基建	可选消费、公用事业、材料	123.78	45.34	12.13	1.53	12.64
001810	中欧潜力价值A	可选消费、材料、房地产	98.78	48.25	10.50	1.23	11.72
006567	中泰星元价值优选A	材料、工业、可选消费	187.94	59.06	7.92	1.05	13.26
008269	大成睿享A	工业、可选消费、金融	96.53	36.28	9.09	0.78	8.63
006551	中庚价值领航	材料、金融、医疗保健	239.43	58.12	6.83	1.07	15.70

成长价值风格

第二种投资风格，是成长价值风格，也是巴菲特的成名风格。巴菲特的投资风格，也是发生过变化的。

早期巴菲特跟随格雷厄姆投资，养成了"捡烟蒂"等深度价值风格。当时在二战期间，大部分公司估值比较低。

不过巴菲特的这种风格，在20世纪六七十年代发生了变化，跟当时的社会背景有关系。二战结束后，当时的退伍士兵领取了大量的退伍薪水。加上消费的刺激和"婴儿潮"的推动，美国经济开始快速复苏。经济高速增长，整体的社会环境也比较稳定，很多公司就有了发展空间，估值也逐渐提高。"捡烟蒂"的投资机会也逐渐减少。

巴菲特在好朋友查理·芒格的建议下，开始改变自己的投资策略。从原来的"捡烟蒂"，到开始寻找一些优秀的公司，以合理价格买下来之后长期持有。再加上后来吸收了成长股投资大师菲利普·费雪的理念，巴菲特逐渐形成了成长价值风格。

芒格是坚定的优秀公司支持者，甚至愿意为此支付更高的价格。这跟芒格的律师出身有关系。

巴菲特早期用的是"捡烟蒂"投资策略，很多时候是收购一些规模很小的非上市公司，买下后处理变卖公司，就可以赚到钱。这就涉及很多法律问题，而这正是芒格所擅长的。于是，芒格的律师事务所成为巴菲特的御用事务所。后来，巴菲特劝说芒格跟他一起投资。

芒格喜欢的投资理念是：买下优秀的公司，伴随公司长期成长。为什么会形成这种投资理念呢？

当时美国的律师并不仅仅是帮助处理法律上的问题。因为美国律师收费非常高，很多公司拿不出高昂的律师费，于是就跟律师采用合作的形式。比如，律师帮助公司打官司，公司以股权的形式作为报酬来支付律师费。这在 20 世纪五六十年代的美国是很常见的事情。

很多时候，这种合作形式对律师和公司都是有利的。律师可以获得看好的公司的股权，公司可以得到精通法律和相关业务的律师的帮助。并且，律师得到股权之后，也会对公司的事情更了解、更上心一些。

所以，律师更喜欢跟优秀的人打交道，耗费的时间更少，收益也不错。他们不太喜欢跟经常惹上官司的人打交道，耗费的时间更多，收益还差。

于是，芒格也把这种理念带入投资当中，逐渐养成了投资好公司，不投差公司的习惯。

芒格比巴菲特大几岁，是一位很好的合伙人，在投资上非常有耐心，也非常愿意帮助巴菲特，让巴菲特尽可能地发挥自己的能力。

巴菲特也在很多事情上愿意听从芒格的建议，甚至在芒格的影响下，改变了自己一贯的投资风格。

巴菲特最有标志性的一个案例，就是对喜诗糖果的投资。这笔投资是巴菲特最满意的投资之一，也是巴菲特成长价值风格的标志性案例。

糖、烟、酒，都是大众非常喜欢的产品，也具备略微的成瘾性。想想小孩子多喜欢吃糖，就容易理解了。

喜诗糖果是美国加州的一个糖果公司，奉行"质量为先"的原则，具备很高的品牌知名度。当时喜诗糖果的经营也很稳健。开始时，喜诗糖果由兄弟俩管理，1972年哥哥去世了，弟弟也无心打理，打算出手喜诗糖果。1972年，喜诗糖果净利润200万美元，净资产800万美元。弟弟的出价是3 000万美元，相当于15倍的市盈率，3.75倍的市净率。后来，芒格和巴菲特砍价砍到2 500万美元。

芒格觉得这笔生意不错。不过巴菲特觉得太贵了：15倍市盈率，3.75倍市净率。这是巴菲特活到40岁，买过的估值最贵的股票。在此之前，巴菲特买的都是几倍市盈率或者零点几倍市净率的"烟蒂"。花这么贵的价格买喜诗糖果，简直要了巴菲特的"命"。

不过，芒格是从另外一个角度考虑的。芒格认为，喜诗糖果盈利非常稳定，买下来后，每年盈利带来的收益率高达8%。

每隔几年，盈利还会继续上涨。巴菲特买下喜诗糖果后，再也没有卖出，始终持有。

喜诗糖果的盈利从最初的200万美元左右，到1983年增长到了1 300万美元。按照最初2 500万美元的买入价格，1983年的时候，喜诗糖果每年的盈利收益率高达50%。从1972年到2007年，喜诗糖果给巴菲特贡献了一共13.5亿美元的现金。相比最初的2 500万美元出价，巴菲特获得了非常丰厚的收益。同时巴菲特拿到这些现金，又投资了其他很好的公司，继续放大了收益。

喜诗糖果这个案例，标志着巴菲特从原来的"捡烟蒂"策略，转向买下优秀的公司，长期持有的策略。这也给价值投资理念带来了新的理解和解释。

早期格雷厄姆时代，因为美国社会大环境不允许企业展望未来。但社会稳定之后，长期持有一家稳定经营的公司成为可能。巴菲特投资理念的转变，也就水到渠成了。

特点：高 ROE

成长价值风格注重企业自身的质量，赚的是企业盈利增长的钱。特点通常是投资的股票平均 ROE 比较高，长期盈利能力好。

ROE，可以用来衡量企业的盈利能力。举个例子，如果你手里有一家公司，有100万元的净资产，这家公司一年能获得10万元的盈利，它的ROE就是10%。

ROE是巴菲特和芒格很喜欢的一个指标。芒格曾说过，股票投资的长期回报，等于这个股票的ROE。

想要长期保持较高的ROE并不容易，这需要企业有竞争优势，比如品牌优势、成本优势、技术优势等，也就是巴菲特常说的"护城河理论"。这些竞争优势会转化为比较高的利润率。再加上公司对成本的控制能力比较强，最后体现在指标上，就是高ROE。并且这种高ROE，需要是长期持续的，不能是短期的。

成长价值风格，主要看单家公司的盈利能力，不太挑经济大环境，这是一个比较好的特点。经济低迷的时候，成长价值风格所投资的优秀企业，通常可以保持比较好的增长。这种风格与经济周期的相关性不强。

长期持有优秀公司

成长价值风格的基金经理，通常集中持有少部分盈利能力比较强的股票。并且会长期保持较高的股票比例，在牛市的中后期，也较少降低股票仓位。也就是说，他们会长期持有优秀的公司，穿越牛熊市，让这些公司自己产生比较好的现金流，以此来获利。主要赚公司盈利增长的钱，而不是赚市场波动的钱。

因为长期持有股票比例较高，到了牛市中后期，这种风格的波动可能会比较大。投资者要做好面对波动风险的心理准备。

螺丝钉整理了部分成长价值风格的基金，如表 3 - 2 所示。仅供参考，不作为投资建议。

表 3-2　部分成长价值风格的基金

代码	基金名称	行业偏好	换手率（%）	持股集中度（%）	市盈率	市净率	ROE（%）
519697	交银优势行业	医疗保健、材料、信息技术	201.80	51.89	33.62	6.76	20.12
005267	嘉实价值精选	材料、工业、金融	37.47	76.01	9.71	1.46	14.99
005827	易方达蓝筹精选	日常消费、金融、医疗保健	38.52	80.39	22.70	4.33	19.10
007119	睿远成长价值 A	信息技术、材料、工业	42.99	45.56	20.67	2.54	12.27
270002	广发稳健增长 A	可选消费、医疗保健、工业	30.71	28.76	31.35	5.08	16.19

均衡风格

第三种投资风格，是均衡风格，代表的投资大师是彼得·林奇。

彼得·林奇是一位颇具传奇色彩的公募基金经理，曾被《时代》周刊杂志评为“全球最佳基金经理”。

他在 1977—1990 年担任基金经理的 13 年时间里创造了一个投资神话：获得了约 29% 的年化收益率，总投资收益率高达 29 倍。

假如，1977年，有人投资1万美元到彼得·林奇当时管理的麦哲伦基金，到1990年这1万美元会变成29万美元。

彼得·林奇管理的基金规模，也从1977年的2 000万美元，增长到1990年的140亿美元，按照1990年的购买力折算到现在，相当于数千亿人民币。基金投资人数超过100万人。彼得·林奇也一度成为全世界管理规模最大的基金经理。

彼得·林奇擅长均衡风格，并且将这种风格发扬光大，后来又有很多基金经理也使用类似的风格获得了长期非常好的收益。

前文说过，不同的人生经历，对一个人投资策略的形成有很大的影响。例如，格雷厄姆就是经历了1929年的大股灾，才建立保守的深度价值投资理念。

彼得·林奇小时候当高尔夫球童的经历，让他有机会在高尔夫球场接触到当时一些企业的总裁和CEO，听他们讨论投资机会和自己业务的发展。这样长期的耳濡目染早早就让他明白了，股市并不是赌场，长期来看，是有方法在股票市场赚到钱的。

这已经超越了当时普通家庭对股票投资的认识：股票投资只会让人赔钱。

美股在20世纪50年代至70年代，也是以散户为主，追涨杀跌、频繁交易。当时70%~80%的散户在美股市场中亏损。20世纪80年代之后，401（k）计划以及指数基金、主动基金开始兴起。越来越多的人通过401（k）计划构建长达几十年的退休养老计划，用定投的方式长期投资基金，在股票市场赚到了收益，才改变了散户大面积亏钱的局面。

彼得·林奇更早认识到长期投资是可以赚钱的，相比其他人就有了巨大的优势。大学毕业后，彼得·林奇进入富达基金（Fidelity）工作，开始了他短暂而又辉煌的基金经理职业生涯。

了解均衡风格，可以从彼得·林奇常用的一个估值指标开始，那就是 PEG 指标。彼得·林奇认为投资股票的时候，市盈率等估值指标是很重要的。如果买贵了，长期收益并不理想。买得便宜是对自己投资的一个保护。但是如果只买便宜的股票，也有可能买到一些长期没有发展前景甚至退步的公司。

虽然这些公司很便宜，但长期持有也不太理想。能不能投资又好又便宜的股票，兼顾成长性和估值呢？

PEG 指标也就诞生了。PEG = PE/G。其中，PE 代表市盈率，G 代表未来预期盈利增长速度。这里要注意的是，这是发生在未来的盈利增长速度，而不是过去的。

比如说一个品种，未来预期常年的盈利增长速度是每年约 10%，当前的市盈率是 15 倍，15/10 = 1.5，就是 PEG 指标。

过去的盈利已经体现在过去的股价涨跌里了，未来的盈利才是给我们带来收益的主要因素。但未来的盈利增长速度，没有人可以预测，这也是使用 PEG 指标时的难点。

介绍一个简单的判断方法：全世界主要的发达国家，或者比较主要的股票市场，长期的盈利增长速度在 10% 左右。像美股、A 股都在这个水平。一些优秀行业的品种，盈利增长速度可能更高。

那 PEG 指标到底是大一点好，还是小一点好呢？

对同一个品种来说，PEG 越小，通常投资价值越高。大多数时候，PEG 指标在 1 到 2 之间波动。如果小于 1 ，那就是性价比不错的品种了。

如果想要 PEG 指标较小，要么市盈率估值低，要么盈利增长速度高。通俗来说，就是又好又便宜。这就是均衡风格的特点。

特点：又好又便宜

均衡风格，会根据不同品种的估值和成长性，来挑选当前市场性价比高一些的品种。

由于同时考虑了估值和成长性，并不会太极端。持有股票的估值水平，通常不会太高。所以在大部分的年份，均衡风格的收益不会是最高的，也不会是最低的。对投资者来说，也要耐得住寂寞。

但是这种风格容易出长跑冠军，因为每年都不会太差。这样时间拉长之后，很多优秀的均衡风格基金经理的收益，可以跑在市场的前列。

这也跟彼得·林奇当年的情况差不多。

比较消耗基金经理的精力

均衡风格考虑估值的情况，基金经理会根据市场估值进行品种的调整，并不一定会长期持有某一类股票，中间会变化。

这对基金经理的精力也是一个考验。彼得·林奇也是如此，他投资过的股票数量非常多。彼得·林奇在自己的书里也写过，做基金经理的时候，每年要调研上千家上市公司。了解的公司足够多，才能判断出当前哪些公司有性价比。

不过正因为这么高的工作强度，彼得·林奇也没干太长时间，仅仅做了 13 年基金经理就急流勇退了。

而像巴菲特这种买入优秀公司、长期持有的成长价值风格，对精力的消耗就小一些，90 岁还可以"跳着踢踏舞去上班"。

回撤相对较小

在牛市中后期，很多均衡风格的基金经理会做仓位管理，减少股票比例。均衡风格要的是又好又便宜，而牛市中后期阶段，大部分股票都比较贵了，"好"可能还符合，但是"便宜"就不一定符合了。于是很多均衡风格的基金经理会减少股票的比例。当然也不是所有均衡风格的基金经理都会这么做。只不过在均衡风格中，这么做的基金经理占比较多。

这样，下跌的风险减少了，所以回撤也相对低一些。图 3 - 4 就是过去十几年时间里，某均衡风格的基金的最大回撤情况。图中的阴影部分，代表在前期最高位买入，之后面对的最大浮亏。

可以看出，2015 年股灾期间，该基金的最大回撤在 33% 左右。作为对比，在同一时期，沪深 300 最大回撤达到 43% 左右。整体来看，在熊市阶段，均衡风格的基金回撤通常会比大盘小一些。

螺丝钉整理了部分均衡风格的基金，如表 3 - 3 所示。仅供参考，不作为投资建议。

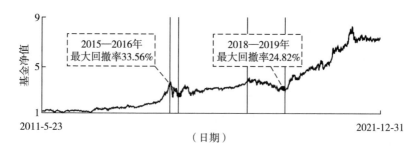

图 3-4 某均衡风格基金的历史最大回撤率

资料来源：万得资讯。

表 3-3 部分均衡风格的基金

代码	基金名称	行业偏好	换手率（%）	持股集中度（%）	市盈率	市净率	ROE（%）
002340	富国价值优势	工业、材料、金融	174.03	35.09	15.81	2.71	17.12
519688	交银精选	材料、信息技术、工业	160.23	52.45	24.76	5.50	22.22
750001	安信灵活配置	材料、工业、房地产	429.32	47.97	14.89	2.81	18.86
163406	兴全合润	信息技术、可选消费、工业	71.63	38.87	22.10	3.37	15.23
163415	兴全商业模式优选	信息技术、可选消费、工业	165.14	35.55	20.79	3.01	14.46

成长风格

第四种投资风格，是成长风格，代表的投资大师是菲利普·费雪。

费雪是巴菲特关于成长股投资的老师，对巴菲特的影响非常大。费雪在其著作《怎样选择成长股》（*Common Stocks and Uncommon Profits and Other Writings*）中，提出了关于成长股的一些投资原则，这些也是巴菲特经常会提到的原则。

费雪主张从企业经营前景和成长空间来挑选股票，通过分析企业竞争对手和企业自身的竞争优势，挑选有成长空间的股票然后长期持有。

在《怎样选择成长股》一书中，费雪讲述了他选择成长股的15条原则：

- 至少在几年内，公司具有足够市场潜能的产品或者服务，销售额有可能实现较大规模的增长。
- 当前生产线如果已经开发完毕，管理层能否继续发展增加销售额的新产品或者方法。
- 公司在研发上付出的努力是否有效。
- 公司是否有高于平均水平的销售团队。
- 公司是否具备有价值的利润率。
- 公司为了增加利润率做了什么。
- 公司是否具备出色的劳动和人事关系。
- 公司是否具备良好的行政关系。
- 公司管理是否有层次。
- 公司在成本分析和财务控制上做得如何。
- 公司在行业内的竞争力如何。

- 公司是否有长期的利润前景。
- 在可预见的未来，公司的增长是否需要足够的融资。
- 管理层是否在一切顺利的时候才跟投资者沟通，遇到麻烦就沉默。
- 公司是否具有一个诚实的管理层。

这15条原则，核心是帮助投资者找到真正长期稳定、高速增长的公司。当然，这样的公司，股票的估值往往也不便宜。

投资是公平的，获得了高成长性，往往就要在估值上做出让步。成长股，收入和盈利的年均增长速度大幅超过社会平均，但是市盈率也经常会达到几十倍甚至更高。

特点：收入、盈利增长速度高

成长风格，主要考虑的是公司的成长性，也就是公司的收入和盈利增长速度要比较高，估值是次要的。高成长性的股票，估值数值通常也会高一些。

怎么判断一家企业是否具备不错的成长性呢？

可以结合费雪的原则分析企业成长的原因。比如这个行业的前景如何，公司的业务能力、管理能力是否优秀，公司的管理层是否具备相应的才能，竞争对手的情况如何等。

这里说的"高速增长"，多高算高呢？通常，收入和盈利增长速度至少为15%，这可以作为偏成长、增速较快的一个标准。

例如，A 股本土的科技公司、美股纳斯达克指数所包括的公司大多是成长风格。不过，企业在成长的时候，有时靠的是能力，有时则是运气，需要较长的时间来验证。

所以，成长风格通常也是买入高速发展的企业，然后长期持有，陪伴企业成长。

那么，都是长期持有优秀公司，成长风格和成长价值风格有什么区别呢？

其实这两者本身并不矛盾，很多时候是重合的，只不过投资的可能是一家公司发展的不同阶段。

成长风格看重的是公司高速发展期，这时的公司可能每年收入增速非常高，但是很多收入都会拿来投入公司发展，留下来的净利润并不多，也就是收入增速高，但 ROE 并不一定高。而成长价值风格，通常是一个公司发展到成熟期了，增长速度不一定高，但 ROE 高。

进攻性强

成长风格通常挑选的是成长性比较好的"进攻型"品种，波动和弹性比较大，估值通常也不太便宜。这就意味着，到了牛市时，它短期的涨幅会很高；到了熊市时，它的跌幅也会比较大。

在牛市的中后期，成长风格的基金经理往往是市场上最受追捧的一类，在这个时候风光无限。但是到了牛市结束，开始下跌的阶段，成长风格跌得也多，往往会出现较大幅度的回撤。

图3－5为某成长风格的基金，在过去十几年的时间里的最大回撤情况。图中的阴影部分，代表在前期最高位买入，之后面对的最大浮亏。

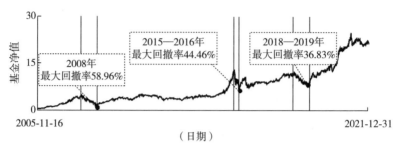

图3－5　某成长风格基金的历史最大回撤率
资料来源：万得资讯。

　　可以看出，假设是在2006年、2007年高位买入该基金，之后在2008年市场暴跌的时候，最大回撤是58.96%，也就是这只基金的跌幅比"腰斩"还大。换句话说，假设在2006年、2007年高位投入100元，那么到2008年年底的时候，就只剩下41元。2015年，最大回撤是44.46%，也是接近"腰斩"的水平。2018年，最大回撤是36.83%，跌幅也是非常大的。所以在投资的时候，对基金的波动风险，投资者要有心理准备。

　　不过这只是短期波动。时间拉长了看，即便是在2006年、2007年最高位买入这只基金，持有到现在，收益也还不错。因为时间拉长后，只要基金背后的这些公司盈利是长期上涨的，那收益也会逐渐涨起来。当然，在投资的时候，我们肯定不希望自己经历"腰斩"这么大的浮亏，所以还是要控制一下买入时的估值，并且用长期不用的闲钱来投资。

价值+成长=均衡?

那么，价值风格加上成长风格，是不是等于均衡风格？

其实不是这样的。因为价值风格选出来的股票，成长风格选出来的股票，均衡风格选出来的股票，是三组不同的股票。基金经理擅长的行业，往往会有区别。

所以，价值风格和成长风格搭配起来，在涨跌走势上，并不等于均衡风格。就好比一个小孩加上一个老人，不等于两个中年人。在投资时，我们最好是每一种风格都配置，这样整体的表现会更加稳定。

螺丝钉整理了部分成长风格的基金，如表3-4所示。仅供参考，不作为投资建议。

表3-4　部分成长风格的基金

代码	基金名称	行业偏好	换手率（%）	持股集中度（%）	市盈率	市净率	ROE（%）
519035	富国天博创新主题	材料、信息技术、医疗保健	97.88	45.21	30.31	5.20	17.15
001975	景顺长城环保优势	信息技术、工业、可选消费	107.83	51.24	38.54	2.90	7.53
519704	交银先进制造A	信息技术、可选消费、工业	163.65	41.02	89.34	4.92	5.51
161005	富国天惠精选成长A	日常消费、信息技术、工业	68.38	37.99	25.55	4.49	17.56

代码	基金名称	行业偏好	换手率（%）	持股集中度（%）	市盈率	市净率	ROE（%）
260108	景顺长城新兴成长	日常消费、医疗保健、可选消费	4.78	74.90	35.34	8.16	23.09
110013	易方达科翔	日常消费、信息技术、工业	119.77	48.60	27.90	4.61	16.52
004868.OF	交银股息优化	日常消费、医疗保健、可选消费	150.64	62.20	27.90	5.88	21.08

深度成长风格

第五种投资风格，是深度成长风格，也是最近几年比较受市场关注的一种风格。

这种风格挑选的通常是当前规模小，商业模式还不稳定，但未来成长潜力比较大的行业，类似风险投资。像早期重仓新能源、芯片等行业的一些基金经理，就属于深度成长风格，基金净值波动很剧烈。

深度成长风格会在行业发展的初期介入，希望押中未来有潜力的公司。公司从成立到上市的过程，其实也是分几个阶段的。

比如，一开始创始人可能只有一个想法，加上创始人能力不错，这个时候如果有人来投资，就叫天使投资。因为这笔钱，要做好"打水漂"的准备，可能收不回来，投资的人就像天使一样。

接下来，会进行到 A 轮、B 轮、C 轮……不同轮的投资，分别进来不同的投资者。经过这些阶段，如果公司发展得比较好，会逐渐成长壮大起来。

但其实大多数公司在发展初期就死掉了，最后能活下来的非常少。如果一家公司，真的经历了几轮融资，规模发展得比较大，就有希望冲击上市。在上市之前，通常还会有一些私募股权基金介入。上市之后，就成为上市公司了。

如果上市的时候，仍然还在发展的早期，一些深度成长风格的基金经理可能会考虑投资它。但因为整个行业还处于发展初期，所以即便这家公司做到了上市，未来投资失败的概率也不低。这也是深度成长风格的投资风险。

深度成长，深度在哪儿

深度成长和成长风格之间有什么区别呢？

成长风格，通常是已经被验证了商业模式，是社会的刚需，收入和盈利都是高速增长。

而深度成长风格还在发展早期，客户数、收入等高速增长，不过最后是不是能转化为高盈利，还存在不确定性。以前也有过一些深度成长风格的品种，最后被验证为商业模式不可行。

波动剧烈，风险很大

深度成长风格，牛市弹性很大。如果赌对了行业，踩对了"风口"，那么牛市上半段，这些行业是涨幅最高的品种之一。

但是在牛市的后期，这些行业也可能是跌幅最高的品种之一。比如，2015年牛市之后，很多深度成长风格的基金下跌了70%～80%。这个回撤比大盘要大很多。

所以投资的时候，深度成长风格本身的波动风险是非常大的。我们通常不会只投资某一个风格，而是多个不同风格相互搭配，不同行业分散配置，从而分散风险。

投资风格与生命周期

成长风格、价值风格，投资的公司在成长性、估值上有非常大的差别。

其实了解了这些投资风格，你会发现不同投资风格所投资的公司，所处的生命周期阶段也不同。

从图3-6可以看到，一家公司假设长期存活，它的生命周期可以分为4个阶段：深度成长、成长、成长价值、深度价值。

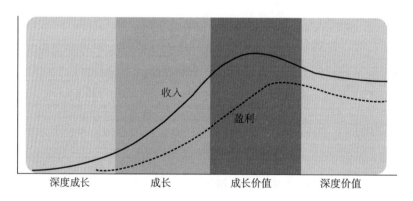

图3-6 投资风格与生命周期

第一阶段：深度成长

在一个行业发展的初期，需要先验证自己的市场需求，探索商业模式和收入来源。在这个阶段，通常盈利不太多，甚至是亏钱的。到了后期，一旦收入增速不及预期，行业被验证没有盈利空间，那么估值就会大幅回落。典型的代表就是前几年的共享单车。共享单车从开始出现到快速普及，成长速度是非常快的。一开始人们给它的估值也很高。但是最后被验证了，这个行业没法独立产生较高的盈利。所以这个行业也无法继续独立成长到后面的阶段。

如果行业成功地找到了商业模式，盈利也高速增长，就可以进入后面的阶段。

第二阶段：成长

这个阶段里，公司持续成长，收入高速增长，同时盈利也是高速增长。

这里说的"高速增长"，多高算高呢？通常，收入和盈利增长速度在15%以上，可以算作偏成长、增速较快的一个标准。

第三阶段：成长价值

到了这个阶段，收入增速放缓，但盈利仍在增长。

典型的表现，就是衡量公司盈利能力的指标 ROE，会攀升到一个较高的水平。比如，我们熟悉的食品饮料行业，在 2021 年前后，就处于成长价值的阶段。它们的 ROE 水平都是偏高的。

为什么收入增速放缓，盈利还能够增长呢？这是因为，企业到了这个阶段，可以通过降低成本、提高效率等方式，来提高盈利能力。

以消费行业中的白酒为例，一些白酒的龙头公司，前期已经成功在消费者的心中塑造了自己的品牌，后期在销售、广告等方面的投入就不需要大幅增长了。

所以，很多消费行业虽然收入的增速不太高，但盈利能力在持续提高。

第四阶段：深度价值

到了这个阶段，公司收入达到了"天花板"，盈利也接近"天花板"，无法高速增长了。

不过也并非完全不增长。因为这些公司，还有一定的定价权，所以增速还是能跑赢通货膨胀的。只不过赚到的钱，即使继续投入生产，也没有办法使盈利继续高速增长。这个时候，公司通常会选择把赚到的钱分红出去，因此也常常伴随着较高的股息率。

这也可以看出深度价值风格的特点，一般是低市盈率、低市净率、高股息率。比较典型的行业包括金融，地产，可选消费中的汽车和家电等。

多面手：均衡风格

还有一种风格是均衡风格，它投资的是公司生命周期的哪一个阶段呢？

其实，均衡风格并不固定投资于某一个生命周期阶段，而是根据性价比来投资，综合考虑成长性和估值。有的阶段可能投资成长股，有的阶段可能会投资价值股。只要性价比高，都会考虑。

基金经理能同时做好多个风格吗

前面介绍了很多风格，包括擅长不同风格的投资大师及其各自的特点。那这些投资大师和基金经理为什么要专门做某一种风格，而不是身兼多个风格呢？

主要有两个原因。

原因一：精力有限。

基金经理也是人，精力是有限的。比如，一家公司经常发布季报、年报，召开股东大会，市场上也有一些公开的资料。基金经理研究这些材料需要时间，也要花精力去上市公司进行实地调研。一位基金经理能够重点追踪、研究的股票，也就十几只到几十只。

那怎么扩大基金经理的能力圈呢？基金公司可以用团队合作的方式，给基金经理配助理或者研究员。当然这也是有边界的，就算是有研究团队支持，基金经理要研究这些结论，太多了还是看不过来的。所以一位基金经理通常会重点研究一部分股票，对某几个行业进行深度了解。

原因二：风格稳定，不漂移。

主动基金经理如果有足够长的历史业绩，可以证明他有很好的投资能力。但如果投资业绩的历史还没有太长，怎么办呢？

基金经理为了让投资者能快速地理解自己的投资风格，就需要让自己的风格稳定一些，不能经常换来换去（即风格漂移）。风格稳定，也有助于基金经理在自己擅长的领域，持续精进，建立竞争优势。

所以久而久之，长期收益好的基金经理，往往专注于一种自己擅长的投资风格。

如何判断基金经理的投资风格

要注意的是，不是所有的基金经理都有投资风格。

几千位基金经理中，大部分基金经理的表现可能比较平庸，没有明显的投资风格，或者风格变来变去。

通常长期业绩优秀的主动基金，其基金经理是有自己比较稳定的投资策略和风格的。

如何判断基金经理的投资风格呢？主要有以下几种方法。

- 看基金公司内部的定位，例如有的基金公司有价值组、成长组。

- 看基金名称、策略、业绩比较基准。比如基金名称叫某某价值、某某成长。很多基金经理也可能会在基金的策略说明书中提到自己的风格。
- 看基金经理的过往言论，例如基金经理在定期报告中披露的观点。像价值风格的基金经理，会经常讨论格雷厄姆式的低估值投资，一般看好的也是低估值的品种。
- 参考晨星九宫格，或者万得资讯等金融终端里的分类。不过这仅供参考，不同机构划分的标准会有区别。
- 手动计算基金经理重仓股的平均估值。通常价值风格的估值长期比大盘平均水平低一些，成长风格则高一些。

投资者笔记

- 深度价值风格，代表投资大师是本杰明·格雷厄姆，特点是低市盈率、低市净率、高股息率。
- 成长价值风格，代表投资大师是沃伦·巴菲特，特点是高ROE，用合理的价格买入优秀的公司。
- 均衡风格，代表投资大师是彼得·林奇，特点是综合考虑估值和成长性，又好又便宜。
- 成长风格，代表投资大师是菲利普·费雪，特点是考虑公司成长性，要求公司的收入和盈利增长速度比较高。
- 深度成长风格，格外注重成长性，通常挑选的是当前规模小，还没有稳定商业模式，但未来成长潜力较大的行业，类似风险投资的方式。

- 不同投资风格所投资的公司，所处的生命周期阶段也不同，从初创到成熟，可以分为 4 个发展阶段。

- 一位优秀的基金经理通常专注并擅长某一种投资风格，不断精进。

第 4 章

影响主动基金
收益的因素

市场的短期涨跌无法预测。不过，拉长时间来看，上市公司的盈利是上涨的，也会推动股票资产长期向上。

　　我们要做的是，在市场低估的阶段，积攒更多的便宜份额。之后做好长期持有的心理准备，收益大概率水到渠成。

　　上涨赚钱，下跌赚股。

——银行螺丝钉

上一章介绍的 5 种投资风格是影响主动基金收益的重要因素之一。

那么除了投资风格，还有哪些因素会影响主动基金的收益呢？本章我们来了解一下其他几个因素。

- 股债比例。
- 行业偏好。
- 基金规模。
- 持股集中度。
- 换手率。
- 基金费用。

资产配置决定 90% 的收益

投资领域有一句话，"90% 的收益来自资产配置"。就基金投资来说，主要是看股票和债券这两类资产的比例。

股票和债券这两个资产大类，有着截然不同的收益和风险特征：股票资产，长期收益更高，但波动风险也更大；债券资产，长期收益较低，但波动风险也较小。

所以通常长期配置高股票比例的主动基金，收益更好，波动风险也更大。我们以沪深300全收益指数和中债新综合总值财富指数为例，看看不同股债比例下年化收益率和最大回撤的情况。具体如图4-1所示。

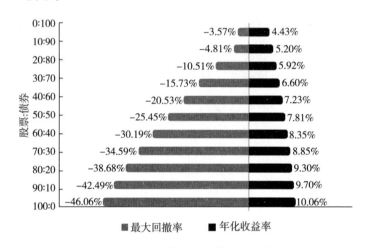

图4-1 不同股债比例下收益和风险

资料来源：万得资讯，2011-12-30—2021-12-31。用沪深300全收益指数代表股票资产表现，用中债新综合总值财富指数代表债券资产表现。

可以看出，如果100%配置债券，不配置股票，最大回撤率只有-3.57%，但是长期年化收益率也比较低，只有4.43%。随着股票比例不断提高，收益和风险也越来越高。当100%配置股票时，最大回撤达到了-46.06%，但是长期年化收益率也提高到了10.06%。

投资是公平的。高收益往往伴随着高风险。想要更高的收益，就得做好承担更高短期风险的心理准备。

主动基金的类型

主动基金有不同的基金类型。通常分为以下三种。

- 股票型基金，股票比例在80%以上。
- 偏股混合型基金，股票比例在70%以上。
- 灵活配置型基金，有时股票比例比较高，有时股票比例比较低。

这里需要说明的是，以上的比例，是基金合同中约定的股票资产配置比例。实际投资的时候，以上三种类型的主动基金，均可把股票比例提高到90%以上。但是一般不会达到95%以上。因为基金需要预留出一部分现金，应对投资者的赎回。

对这几类基金来说，股票仓位越高，对应的基金波动也越大。

查看一轮牛熊市的股票比例

我们在查看股票比例的时候，最好查看过去一轮牛熊市的数据。这样可以看出基金经理分别在牛市和熊市会保持多少股票仓位。

有的主动基金，始终会保持比较高的股票仓位。比如有的基金合同中规定：基金必须时刻保持 80% 以上的股票比例，不能降低。这种基金到牛市的时候也不会减少股票比例的。再比如，虽然基金合同没有要求，但基金经理本身是长期持股的风格。像部分成长风格、成长价值风格的基金经理，会挑选优秀的公司长期持有，主要获取公司自身成长的收益。

图 4 - 2 就是 2015—2021 年某成长风格基金的股票比例情况。

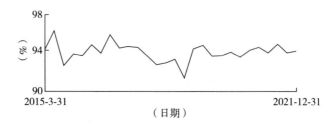

图 4 - 2　某成长风格基金的股票比例
资料来源：万得资讯。

可以发现，2015—2021 年，这只基金的股票比例长期在 90%以上，即便是在 2015 年这种大牛市，也没有大幅降低股票仓位。

这种情况就需要投资者自己做好止盈。

有的主动基金会根据市场估值情况，配置不同的股债比例。比如在熊市的时候，股票比例高；到了牛市中后期，会降低股票比例。很多均衡风格的基金经理会这样做。

图 4 - 3 就是 2012—2021 年某均衡风格基金的股票比例情况。

可以发现，2015 年牛市时该基金大幅调低股票比例。不过，这种策略并不是没有代价的。在牛市前半段，上涨到一定程度的时候，提前就把股票仓位降下来，可能会跑输同类基金。所以，这种

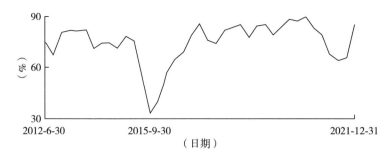

图4-3 某均衡风格基金的股票比例

资料来源：万得资讯。

投资策略，其实是一把"双刃剑"：上涨的时候，可能会让投资者少赚一点；但是在下跌的时候，可以让亏损大幅减少，是一种偏稳健的思路。

总体来说，如果想要了解一只基金长期以来的股票比例，查看过去一轮牛熊市以上的数据，会更加稳妥一些。

这两种仓位的策略，并没有优劣势之分，只是基金经理自己投资策略的选择。

行业偏好，如何影响我们的收益

上一章我们已经了解到，主动基金有不同的投资风格，每一种风格的特点都不一样。

其实，即便是同一种风格，基金经理擅长的行业也会有区别。

行业的分类方法

行业有很多分类方法，最常用的方法，是把行业分为 10 个一级行业。

摩根士丹利和标普在 2000 年时联合推出了全球行业分类标准（GICS），将行业分为 10 个一级行业，24 个二级行业，67 个子行业，并建立了行业指数。我国的行业指数很多也是按照这个标准分类的。

其中，最主要的 10 个一级行业分别是：

- 材料：金属、采矿、化学制品等。
- 可选消费：汽车、零售、媒体、房地产等。
- 必需消费：食品、家居等。
- 能源：能源设备与服务、石油天然气等。
- 金融：银行、保险、券商等。
- 医药：医疗保健、制药、生物科技等。
- 工业：航空航天、运输、建筑产品等。
- 信息：硬件、软件、信息技术等。
- 电信：固定线路、无线通信、电信业务等。
- 公共事业：电力、天然气、水等。

这 10 个一级行业，每一个都是现代社会不可或缺的重要组成部分。它们可能在投资收益上各有高低,但都非常重要。

除了按照 10 个一级行业来划分,还有另一种行业划分的方式,就是按照某个特定的主题来划分。像养老行业、环保行业、军工行业、健康行业、互联网行业等。

这些主题行业,是围绕某个主题来找出对应的公司,可能包括相关主题的上下游公司等。

不同行业,长期收益不同

不同行业的赚钱能力是有很大差别的,有的行业就是天生更容易赚钱。

我们来看一个例子,中证 800 一级行业指数。中证 800 的意思是"沪深 300 + 中证 500",即沪深 300 指数挑选了 A 股上市公司中规模最大的 300 家,中证 500 挑选了除沪深 300 规模最大的 500 家。这两个合起来,就是 A 股上市公司规模最大的 800 家。具体组成如图 4 - 4 所示。

中证 800 一级行业指数,就是把这 800 家公司按照各自所属的行业,划分成 10 个一级行业指数。这些中证 800 一级行业指数,都是从 2004 年 12 月 31 日开始计算的,开始的时候都是 1 000 点。这个 1 000 点可以看作当时这些行业指数背后公司的平均股价。到了 2022 年 6 月 30 日收盘,不同指数的表现各自如何呢?

我们会惊奇地发现,不同的行业指数,表现有非常大的差别。具体如图 4 - 5 所示。

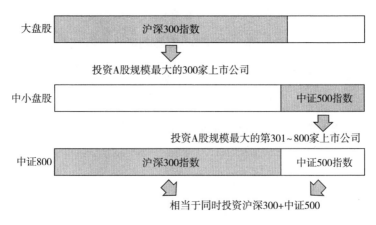

图 4-4　中证 800 的组成

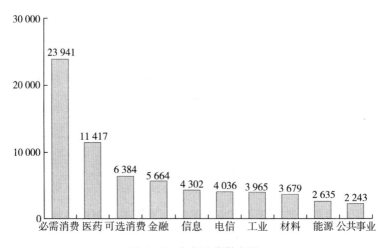

图 4-5　各行业指数表现

资料来源：万得资讯，截至 2022 年 6 月 30 日。

　　像中证主要消费（必需消费）指数上涨到了 23 941 点，而中证能源指数只上涨到了 2 635 点。换句话说，如果我们在 2004 年年底投资 1 000 元到必需消费行业上，那么到 2022 年 6 月 30 日，我

们最初投资的 1 000 元会变成 23 941 元。但是如果我们当初的这
1 000 元投资到能源行业上，只会上涨到 2 635 元。

这十几年里，经历了几轮牛熊市，之所以造成这么大差距，主
要是因为不同行业天生赚钱的能力相差非常大。有的行业天生更容
易赚钱，像必需消费行业和医药行业，长期来看在 A 股更容易
赚钱。

再好的行业也有低迷的阶段

不过，没有哪个品种是只涨不跌的。就算是 A 股长期收益最高
的必需消费行业，也有低迷的阶段。

图 4-6 是中证消费指数从 2011 年年底到 2021 年年底的走势。

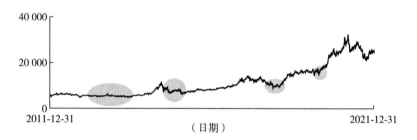

图 4-6　中证消费指数走势

资料来源：万得资讯。

可以看出，2013—2014 年、2016 年年初、2018 年年底、2020
年 3 月，是从 2011 年年底到 2021 年年底消费行业低估的阶段。

任何一个行业都有短期表现好的阶段，也有短期表现差的阶

段，得拉长到一两轮牛熊市来进行观察，才能看出它的实际表现。

基金经理是如何选择行业的

主动基金的基金经理是如何选择行业的呢？通常有两种方式。

根据擅长的风格配置多个不同行业

比如，图4-7是某深度价值风格基金的基金经理投资的行业情况。

可以看到，2017—2021年，前三大重仓行业分别为：可选消费、金融地产、材料。

2021年年末：	可选消费	材料	金融地产
2021年年中：	可选消费	材料	工业
2020年年末：	可选消费	材料	金融地产
2020年年中：	可选消费	金融地产	材料
2019年年末：	可选消费	金融地产	材料
2019年年中：	可选消费	金融地产	医疗保健
2018年年末：	可选消费	金融地产	医疗保健
2018年年中：	可选消费	日常消费	医疗保健
2017年年末：	医疗保健	日常消费	可选消费
2017年年中：	金融地产	可选消费	日常消费

图4-7 某深度价值风格基金的行业偏好

资料来源：万得资讯。

像可选消费里的汽车、传媒、家电等，长期市盈率、市净率等估值都偏低。再比如金融地产，像银行、保险等，最近几年估值也处于一个比较低的位置。材料里面，像钢铁、有色等，估值也是比较低的。另外，像医疗这样的行业，在 2018 年下半年，也回到一个很便宜的位置。所以该基金经理当时也投了。后来医疗行业上涨后，估值提高，就不在前三大行业中了，这也符合深度价值风格追求低估值的特点。反过来，我们也可以从基金经理偏好的行业上，判断出基金经理的投资风格。

集中投资某一两个行业

例如某消费基金、某医药基金。在基金名称中就会说明，其主要投资哪些行业。通常这类基金在某个行业的投资占比会特别高。

如图 4-8 所示的这只医药类基金，医疗行业的占比长期在 70% 以上。最近几年，医疗行业的占比甚至达到 90% 以上。

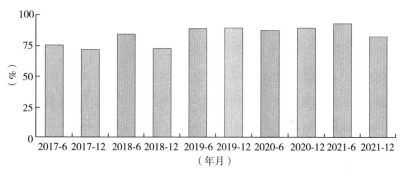

图 4-8 某医药基金中医疗行业占比

资料来源：万得资讯。

这种基金也允许一小部分仓位投资非医药行业的股票。这种基金的波动风险，通常跟一般行业指数基金差不多，比沪深300等宽基指数基金的波动更大。不同行业，涨跌通常是不同步的。

普通投资者在投资时，分散配置多个不同行业的基金经理，波动通常会比单一行业更小，是更合适的选择。

主动基金的规模多大好

俗话说，规模是业绩的敌人。基金的规模也会对主动基金的收益产生影响。那么，基金规模究竟多大比较合适呢？

规模太小，有清盘风险

首先，不管是主动基金还是指数基金，我们都不会考虑规模太小的基金。比如，规模只有几百万元的基金，这样的基金清盘风险比较大。

基金公司也是商业机构，也会考虑投入产出。如果基金规模为1 000万元，管理费为1%，一年管理费的收入只有10万元，还不够给基金经理发工资的。很多规模小的基金，最后就清盘了。

这里解释一下，基金清盘并不是说基金公司把基金投资者的钱吞了，而是会选择某一天进行强制赎回，把钱退给投资者。投资者拿到钱后可以再去做其他投资。

不过，清盘要走相关流程，比较麻烦，所以如果基金发公告要清盘了，最好在清盘之前主动赎回这只基金。

通常来说，单只公募基金如果规模在1亿元以上，清盘概率就比较小。所以，我们投资基金，通常也要选择规模在1亿元以上的品种。

百亿元以下，更适合基金经理发挥

那基金规模是不是越大越好呢？也不是，一般来说，百亿元以下的规模，对基金经理来说更适合发挥。基金经理按照自己的投资逻辑去运作就可以，投资大盘股、小盘股，都没有太大的问题。

超过百亿元，管理难度大大增加

当规模超过百亿元之后，对基金经理的要求就比较高了。不少基金经理在管理规模超过百亿元之后，超额收益可能就下滑了。主要有几个原因。

基金规模越大，选股难度越高

这是因为《公开募集证券投资基金运作管理办法》对公募基金有"双十规定"。

- 一只基金持有一家公司发行的证券，其市值不得超过基金资产净值的10%。
- 同一基金管理人管理的全部基金持有一家公司发行的证券，不得超过该证券的10%。

基金规模变大后，原本一些基金经理擅长的中小盘股就无法进入了。举个例子，假设一只小盘股，市值规模为 20 亿元。基金经理投资这只小盘股，不能超过 10%，也就是 2 亿元。即便基金经理管理数百亿元的资金，买入这只小盘股也不能超过 2 亿元。

所以，一些擅长中小盘股的基金经理在管理规模小的时候，风格是投资中小盘股；等到管理规模变大之后，风格就被迫变成了投资大盘股。比如，以前有一只比较出名的某中小盘基金，最早的定位是投资中小盘股。但是后来这只基金规模比较大了，于是投资都是以大盘股为主，不再投中小盘股了。所以，改名为某优质精选，更加贴近基金本身的投资风格。

基金规模越大，越会产生冲击成本，运作难度越高

基金买卖股票的资金量越大，在交易的时候越会产生冲击成本。

每只股票，每天的交易量都是有限的。比如一只股票，一天成交 1 000 万元的交易额。小资金量的投资者买入 10 万元，对 1 000 万元的交易额来说完全可以满足，买入可以很快成交。但是，如果有一个大资金量的投资者要买入这只股票 10 亿元，短期是无法马上成交的。

如果硬要买入，就会推动对应股票的价格升高。

因为股票流动性不足，导致买入、卖出的成本提高，这就是冲击成本。这会影响基金的收益。

总的来说，规模超过百亿元的时候，对基金经理就是一个比较大的考验。当然，基金经理也是在不断进步的。有的基金经理可以不断研究，克服百亿门槛，管理几百亿元的资金也是可以的。

目前在 A 股，管理几十亿元规模的基金经理还是比较多的，管理几百亿元还能管好的基金经理，就很少了。

在实际投资的时候，如果基金经理管理规模没有特别大，我们也不用太担心规模带来的影响。对基金的收益来说，风格、行业偏好、买入估值都是影响收益更大的因素，规模的影响排在这些因素的后面，是一个相对次要的因素。

怎么判断基金经理的管理规模上限

一位基金经理在保持投资风格不变的情况下，我们怎么判断他的管理规模上限是多少呢？

在调研基金经理的时候，这个问题是必问的。一般基金经理会回答，自己大概能管理多大的规模。这个规模，跟投资大盘股还是小盘股、基金经理投研团队的人数、基金公司整体投研实力等有关系。

首先，小盘股策略，管理规模会比大盘股策略小。如果基金经理擅长大盘股，那么能管理的规模也会更大。

其次，看基金经理投研团队的人数。这个指基金经理自己能调动的投研资源。其实研究一只小盘股和研究一只大盘股，花费的时间精力差不多。一位基金经理通常能追踪、研究十几到几十只股票。如果还想覆盖更多的股票，就需要增加研究员。

最后，看基金公司的投研实力。基金公司会有专门的研究团队，也会给基金经理提供支持。有的公司，研究团队和投资团队会分开，研究团队专门做研究。大中型的基金公司，通常会有消费、医药、周期股等几个不同的研究团队，专门负责不同领域。有些基金经理离职后，业绩下滑，也是因为缺少了基金公司的投研支持。

整体来说，如果只投资小盘股，100亿元规模就很大了。如果管理几百亿元的规模，基本都要投一些大中盘股。有的基金公司会在基金经理管理规模快到"天花板"的时候进行限购。这样做的目的是保护投资者的利益。

基金持股需要集中吗

持股集中度，指的是前十大重仓股占基金全部股票的比例。这是影响主动基金收益比较重要的一个因素。公募基金会在季报中披露前十大股票持仓。很多基金销售平台也会显示基金前十大持仓占比。

具体来说，如果持股比较集中，也就是前十大重仓股比例较高，那么这种类型的基金波动也会更大。如果持股比较分散，前十大重仓股占比并不高，那么基金波动就会相对小一些，接近大盘的波动。

投资专家伯顿·麦基尔（Burton G. Malkiel）曾做过研究，投资股票数量与风险之间的关系如图4-9所示，这里的股票已分散配置不同行业。

- 如果只投资 2 只股票，波动风险，会是市场整体波动风险的 2 ~ 3 倍。

- 如果股票数量增加到 20 只，那风险只比市场整体波动风险，高 1/3 ~ 2/3。

- 如果股票数量增加到 50 只，那风险会和市场整体风险水平相当。有经验的朋友应该知道，大部分指数持有股票的数量，是 50 只起步，例如上证 50、科创板 50 等。50 只股票就跟这个市场的整体风险水平相当，很多指数也是按照这个数字来编制的。

- 继续增加股票数量，降低风险的作用就不大了。像沪深 300、中证 500 分别包括 300 只和 500 只股票。风险就是市场本身的风险。投资 50 只还是 100 只，没有太大差别。

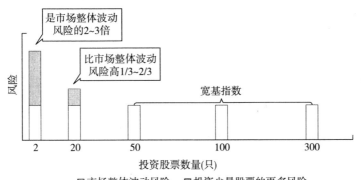

图 4-9　投资股票数量与风险之间的关系

集中投资，还是分散投资

投资应该分散还是集中，这是一个挺有争议的话题。不同的投资大师，在这个问题上的意见也有很大的差别。

首先来看看集中派。集中派的典型代表，就是巴菲特和芒格，主张把资金投到看好的股票上。不过即便是巴菲特和芒格，所谓的集中投资也不是只投资一个品种。巴菲特投资的时候，也会分散配置不同的行业。过去十几年，巴菲特重仓过消费电子中的龙头公司苹果，也投资了食品饮料中的可口可乐、金融中的银行等。只不过每个行业中，持有的股票相对集中。

再来看分散派。典型的代表就是"指数基金之父"约翰·博格（John Bogle）。指数基金是典型的分散化投资工具。任何一只指数基金，都持有几十只甚至上百只不同的股票。约翰·博格主张的是用最低的成本买下市场本身。

另一个分散派的代表，是约翰·邓普顿。邓普顿是最早进行全球化投资的大师之一。他的分散化，是在全球股票市场中分散化投资。20世纪五六十年代在不到10倍市盈率的时候投资日本股市，就是邓普顿的得意之作。

还有一个广为人知的分散化代表，就是桥水基金的瑞·达利欧。桥水基金的"全天候策略"，是另一种分散的方式。同时配置股票、债券、商品等不同资产大类，把波动风险降下来。

那么集中和分散哪个更好呢？这得分人。

就像巴菲特，自己投资集中在一部分股票上，但是给普通投资者的建议，是分散投资的指数基金。因为，集中投资是一把"双刃剑"。

要集中投资，必然是从市场中挑选少量的股票。而选股能力，是一种门槛非常高，也非常稀缺的能力。巴菲特是已经被证实有这种选股能力的人，他有自信做集中投资。在海量的个人投资者中，也会有一小部分人，最后做集中投资收益也不错。但是，对更大比例的普通投资者来说，是没有这个能力的。通过基金组合来做好分散投资，是更稳妥的选择。

换手率，多高合适呢

另一个影响基金收益的因素，就是换手率，也被称为周转率，指的是基金经理每年买卖手里的股票占手里持有的所有股票的总比例。

100%换手率，代表手里这些股票在一年的时间里会全部被交易一遍。

通常来说，换手率越高，说明基金经理买卖股票越频繁。买卖越频繁，交易佣金和手续费就越高，这对基金的收益是不利的。

指数基金，通常换手率为50%~150%。指数每年会有1~2次调仓，也会更换股票。

一般情况下，主动基金的年换手率比指数基金高一些。

- 200%以内，是偏低的。
- 200%～400%，是一个正常的水平。
- 百分之五六百，甚至上千的换手率，投资者就要谨慎一些。

换手率高，一方面意味着持有股票时间短，有可能会错过股票大幅上涨的阶段；另一方面，买卖太频繁，意味着更高的交易成本。因为每买入、卖出一笔，无论是否赚钱，都要支付交易佣金。

相关研究表明，基金的换手率和收益成反比。换手率最低档的基金，相比换手率较高档的基金，平均一年收益率高出0.7%左右。也就是说，主动基金的换手率越高，基金的表现越差。

不过，也有少数换手率高的基金跟基金规模的变化有关系。比如，由于投资者申购赎回，基金规模短期变化比较大，导致换手率比较高。通常等规模稳定后，换手率也就稳定了。在一些基金交易平台上，搜索基金的代码，可以查到基金的换手率。

个人投资者的换手率

除了基金经理有换手率，个人投资基金也会有换手率。

根据基金公司的研究，个人投资者投资股票基金，平均持有时间长度在3个月左右。换句话说，个人投资者一年平均更换股票基金4次，年换手率为400%。这还是平均值，个别投资者换手率会更高。

较高的换手率，会产生不少基金交易费用，影响投资收益。我们自己投资时，也要注意不要频繁交易。

基金投资有哪些费用

我们在投资基金的时候，还有一点要注意，那就是基金的费用也会影响我们的收益。

通常来说，我们需要关注的基金费用包括以下几项。

- 认/申购费。
- 赎回费。
- 管理费。
- 托管费。
- 业绩报酬。

认/申购费

在买入基金的时候，会有认/申购费。买入新基金时为认购费，买入已成立正在运作中的老基金时为申购费。不同品种的申购费不同，大多会在1%~1.5%。例如，申购10 000元的场外基金，需要交纳大约100~150元的申购费用。

不过目前很多基金销售平台都会打折，通常是1折，也就是只需要10~15元。

这对投资者来说，是很友好的。申购基金的时候，从不同平台申购同一只基金，买到手的基金是相同的，所以可以选择申购费有优惠的平台。

赎回费

当赎回基金时，通常会有赎回费。赎回费一般不打折。赎回费与持有时间长度有关。如果持有不到 7 天就赎回，对股票基金来说，会有惩罚性赎回费 1.5%。所以要避免刚买入就赎回。如果持有时间超过 7 天，但是在 1～2 年，大多数基金会有 0.5% 的赎回费。持有 1～2 年以上，赎回费会降低一些。当然也有的基金，赎回费始终不降低。申购费和赎回费都是基金交易的时候收取的。

管理费

管理费是基金公司收入的主要来源。主动基金一般每年会收取基金规模的 1.5% 左右作为管理费。

例如，我们持有一只主动基金 10 000 元，那每年产生的管理费有 150 元左右。

这个费用不需要我们单独交，而是从基金净值里直接扣除。也就是说，我们每个交易日看到的基金净值，是已经扣除了管理费之后的数额。

托管费

托管费是交给基金托管机构的。基金的庞大资产，并不是直接存放在基金公司，而是存放在托管机构，例如大型银行或者大型券商。托管机构的作用是保证资金的安全性，避免资金被转走。基金公司和基金经理都不能随意转走资金，资金只会回到我们本人的银行卡里。

图 4 - 10 就是投资者的资金流向情况。

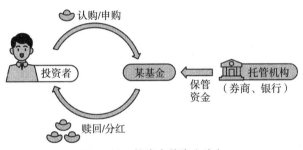

图 4 - 10　投资者的资金流向

一般主动基金的托管费率是每年 0.1%～0.25%。

例如，我们持有一只主动基金 10 000 元，那每年产生的托管费有 10～25 元。

这个费用也不需要我们单独交，而是从基金净值里直接扣除。也就是说，我们每个交易日看到的基金净值，是已经扣除了托管费之后的数额。

业绩报酬

业绩报酬，通常也叫业绩提成。这项费用在私募基金里比较常见，公募基金中只有少数有业绩报酬。

简单理解，就是当我们投资基金产生盈利，基金公司要分走盈利的一部分。当然，如果投资者没有盈利的话，是不收取的。这也是私募基金公司的收入来源之一。

一般来说，行业内比较常见的业绩报酬收取比例是20%。这里指的是盈利部分的20%。

比如一个投资者，投资基金100万元。一段时间后，基金上涨，市值变成了130万元。此时投资者赎回全部130万元的时候，基金公司会针对盈利部分也就是30万元，收取业绩报酬。按20%提取，会提取6万元。

总的来说，业绩报酬是当投资者盈利后，才会收取的一项费用，这也体现出私募基金帮投资者赚钱的价值所在。还有一些私募基金公司，会按照比20%更低的比例来收取。这对投资者来说是更有利的。

其实，有一种对投资者非常有利的私募基金收费方式，是"零管理费"，只在投资者有盈利的时候，收取较低的业绩报酬。不过这样做的公司目前还不多。

大家在投资私募基金时，尽量选择业绩报酬收取比例更低的基金。

其实私募基金也是很庞大的一类资产，世界上有很多大型的长期投资机构，都使用私募基金做投资，关于这些机构的投资策略、投资过程中遇到的困难、挑战以及解决方案，可以阅读《耐心的资本》一书。

最后关于基金投资中涉及的费用，螺丝钉汇总在表 4 - 1 中，方便大家查看。

表 4-1　基金投资涉及的费用

费用	公募基金	私募基金
认/申购费	通常为 0.5% ~ 1.5%，很多网上平台打 1 折	通常为 1% ~ 1.5%，一般不打折
赎回费	通常为 0.5% 左右，长期持有后通常免除	通常为 0.5% 左右，长期持有后通常免除
管理费	通常为每年 0.5% ~ 1.5%	通常为每年 2%
托管费	通常为每年 0.1% ~ 0.25%	通常为每年 0.1% ~ 0.25%
业绩报酬	通常不收取	通常针对收益部分收取 20%

如何在基金季报、年报中查看这些因素

影响基金收益的几个因素，我们都可以在基金的定期报告里查看，获取相关信息。

基金的定期报告，主要分为三种：季报、半年报、年报（见图 4 - 11）。也就是，一年中，一共会有 4 个季报，1 个半年报和 1 个年报，共 6 份报告。这 6 份报告里，信息量最大最全的是年报。

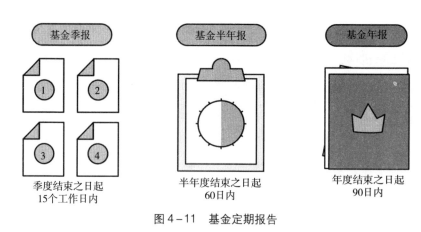

季度结束之日起
15个工作日内

半年度结束之日起
60日内

年度结束之日起
90日内

图 4-11　基金定期报告

季报、半年报、年报的披露时间分别如下。

- 基金季报：基金管理人应当在每个季度结束之日起 15 个工作日内，编制完成基金季度报告，并将季度报告登载在指定报刊和网站上。
- 基金半年报：基金管理人应当在上半年结束之日起 60 日内，编制完成基金半年度报告，并将半年度报告正文登载在网站上，将半年度报告摘要登载在指定报刊上。
- 基金年报：基金管理人应当在每年结束之日起 90 日内，编制完成基金年度报告，并将年度报告正文登载于网站上，将年度报告摘要登载在指定报刊上。基金年度报告的财务会计报告应当经过审计。

基金合同生效不足 2 个月的，基金管理人可以不编制当期季报、半年报或者年报。

查看股票比例

如何查看一只主动基金的股票比例呢？

下面我们以某股票基金披露的年报为例，如图 4-12 所示，看一下该基金在年末股票资产的占比情况。我们可以在基金年报中，找到"期末基金资产组合情况"这一项。图中框出来的部分，就是该基金在年末股票的占比。通常来说，股票比例越高，波动风险和收益也会越高。

期末基金资产组合情况

金额单位：人民币元

序号	项目	金额	占基金总资产的比例（%）
1	权益投资	3,971,886,343.35	90.19
	其中：股票	3,971,886,343.35	90.19
2	基金投资	-	-
3	固定收益投资	-	-
	其中：债券	-	-
	资产支持证券	-	-
4	贵金属投资	-	-
5	金融衍生品投资	-	-
6	买入返售金融资产	-	-
	其中：买断式回购的买入返售金融资产	-	-
7	银行存款和结算备付金合计	403,242,504.40	9.16
8	其他各项资产	28,906,523.81	0.66
9	合计	4,404,035,371.56	100.00

图 4-12　某股票基金年报截图（股票比例）

查看基金规模

如图 4 - 13 所示，我们可以在基金年报中，找到"主要会计数据和财务指标"这一项。图中框出来的"期末基金资产净值"这一项，就是该基金在当时的规模。通常来说，百亿元规模以内，对基金经理的运作来说是更适合发挥的。超过百亿元规模后，运作难度就增加了不少。

主要会计数据和财务指标　　　　　　　　　　　　　　　　金额单位：人民币元

3.1.1 期间数据和指标	2020年	2019年10月17日（基金合同生效日）-2019年12月31日
本期已实现收益	1,732,638,134.63	2,861,351.55
本期利润	2,285,558,160.07	437,348,151.08
加权平均基金份额本期利润	0.6347	0.0698
本期加权平均净值利润率	49.13%	6.82%
本期基金份额净值增长率	67.96%	6.98%
3.1.2 期末数据和指标	2020年末	2019年末
期末可供分配利润	1,301,572,480.06	2,861,351.55
期末可供分配基金份额利润	0.5425	0.0005
期末基金资产净值	4,311,177,292.31	6,699,637,635.42
期末基金份额净值	1.7968	1.0698
3.1.3 累计期末指标	2020年末	2019年末
基金份额累计净值增长率	79.68%	6.98%

图 4 - 13　某股票基金年报截图（基金规模）

查看持股集中度

如图 4 - 14 所示，我们可以在基金年报中，找到"期末按公允价值占基金资产净值比例大小排序的所有股票投资明细"这一项。

图中框出来的部分，就是前十大重仓股所占的比例。通常来说，持股集中度越高，波动风险相对大盘也更高。

期末按公允价值占基金资产净值比例大小排序的所有股票投资明细　　　　金额单位：人民币元

序号	股票代码	股票名称	数量（股）	公允价值（元）	占基金资产净值比例（%）
1	002352	顺丰控股	2,605,743	229,904,704.89	5.33
2	688169	石头科技	210,153	217,718,508.00	5.05
3	300207	欣旺达	6,739,855	206,980,947.05	4.80
4	002049	紫光国微	1,345,600	180,054,736.00	4.18
5	002841	视源股份	1,545,744	177,806,932.32	4.12
6	300037	新宙邦	1,748,647	177,312,805.80	4.11
7	688099	晶晨股份	2,089,832	164,532,473.36	3.82
8	000625	长安汽车	6,185,961	134,060,900.04	3.11
9	601318	中国平安	1,470,890	127,938,012.20	2.97
10	300568	星源材质	4,017,953	121,623,437.31	2.82

图 4-14　某股票基金年报截图（持股集中度）

查看基金经理观点

在定期报告中，基金经理也会发表自己的投资观点。一般会有两个主要内容：一是回顾之前的投资，二是对未来市场的观点。后者会更重要一些。

从基金经理的观点中，我们可以看出基金经理的投资风格、最近偏好哪些行业。不同基金经理，对待这一部分的态度也不同。有的基金经理会写得很详细，有的基金经理可能投资做得不错，但报告里写得不多。对基金经理的观点，我们也要辩证看待。

如图 4-15 所示，我们可以在基金年报中，找到"管理人对报告期内基金的投资策略和业绩表现的说明"这一项。里面就是该基金经理的看法和观点了。

管理人对报告期内基金的投资策略和业绩表现的说明

报告期内基金投资策略和运作分析

本年度,全球新冠疫情进一步加重,导致全球央行被动加大流动性投放,全球股市表现依然强劲,A股市场也震荡向上,继续领跑全球市场。基金重仓股表现强势,沪深300、中小板指分别上涨27.21%、43.91%,而创业板指表现较强,上涨64.96%。

本基金始终坚持投资于符合产业趋势的真正的成长股,仓位处于基金合同规定仓位限制中的高仓位(85%-95%)。我们希望投资具有伟大前景的新兴产业企业,并伴随他们的成长,而不是趋势增强、寻求市场热点。未来的胜者一定是不断高强度投入的企业。尽管这些企业不一定是当前的焦点,但是,我们相信厚积薄发才能换取长期的发展。我们始终坚持我们的选择和风格,也会不断优化和改进持仓组合。

由于四季报与年报相隔较近,我们的观点没有任何的改变,因此,报告内容与四季报保持一致,我们继续坚守我们的认知和观点进行投资,不改初心。

我们的组合相对新颖,较少大家耳熟能详的个股,其实并不是我们刻意追求差异化。实际上,一方面是我们过去低估了中国地产周期的韧性;另一方面是我们低估了传统核心资产价值重估的烈度和时间长度。这两方面因素让我们错过了很多机会。尽管我们业绩还能持续跑赢市场,但是,不得不承认过去几年投资企业的成长早中期比较困难,一不小心就会陷入地雷阵。这一路经历了不少挫折,我们一直在反思中进步,努力降低犯错率。随着连续两年的大牛市,我们可以预见2021年的投资难度很大,经历了多年的盐碱地的耕耘,希望我们的方法论有能力应对更难更复杂的股票筛选的挑战。

市场机会以及我们的应对方式

2020年,市场的风格越来越聚焦于龙头核心资产,市场不断衍生各种理论来解释高估值的合理性。但是,从这么多年来看,无论多么好的企业,估值总是有锚的。很多人认为2021年的收益主要赚利润增长的钱,但是,实际上这种可能性并不太大。毕竟估值是快变量,而利润是慢变量。

图4-15 某股票基金年报截图(基金经理观点)

投资者笔记

● 投资领域有一句话,"90%的收益来自资产配置"。就基金投资来说,主要是看股票和债券这两类资产的比例。股票比例越高,收益和风险也会越高。

● 不同行业的赚钱能力有很大差别。有的基金经理会根据擅长的风格,配置多个不同行业,有的基金经理会集中投资一两个行业。我们在投资的时候要注意分散配置。

- 规模是业绩的敌人。规模越大，基金经理的管理难度也会越大。

- 持股比较集中的主动基金，波动也会更大。对普通投资者来说，分散投资是更稳妥的选择。

- 基金换手率越高，交易越频繁，对收益影响也会越大。如果基金的换手率很高，就要谨慎一些。

- 基金的费用也是投资时不可忽视的一点，我们尽量挑选费率对投资者更有利的品种。

- 想要了解一只主动基金的各项数据，通常都可以在基金的定期报告里查看，其中基金年报是信息量最大的。

———————

第 5 章

好品种 + 好价格 = 好收益

投资时，短期遇到波动很正常。持有过程中，也会面对短期浮亏。但是好品种，在比较便宜的阶段买入，耐心持有到比较贵的阶段卖出，最后的收益大概率是不错的。

也就是说，跌出机会就买入，涨出机会就卖出，其他时间耐心等待。这是我们能做到的。

"见小利不动，见小患不避。小利小患，不足以辱吾技也。"

——银行螺丝钉

前面的章节中，我们介绍了，所有股票基金在 A 股的长期平均年化收益率约为 14%。这是过去十几年，经历了数轮牛熊市之后的平均收益率。

不过，这个收益率肯定和很多投资者的收益率不符，也让投资者有了这样的疑惑：为什么自己投资股票基金是亏钱的呢？为什么自己一买入就下跌，一卖出就上涨了呢？

其实，掌握股票基金的正确投资方法也很重要。用一句话来总结，那就是：好品种 + 好价格 = 好收益。好品种，是指要学会挑选好基金。好价格，是指要在市场便宜的阶段买入。

我们先来了解一下，如何挑选好品种。

挑基金经理，先挑基金公司

在挑选主动基金的时候，我们首先要考虑的是基金公司。主要有以下两个原因。

一是，基金经理投资收益好，离不开基金公司的支持。基金经理做投资，并不是一个人单打独斗。假如基金经理看好某家公司，需要去做相应的调研，才能知道是否值得投资。如果要同时研究几十家公司，只靠自己往往分身乏术，需要基金公司提供支持。基金公司能提供研究平台、完善的研究团队，可以帮助基金经理获取更充分的信息，并且同一公司的基金经理之间也可以相互交流。

二是，有实力的基金公司，人才梯队更完善。有实力的基金公司，通常会有几十位基金经理，他们构成一个完整的人才梯队，也有比较完善的人才培养机制，可以源源不断地孵化出优秀基金经理。

主动基金投资时，有一个比较常见的不稳定因素，就是基金经理离职，比如说跳槽到另一家基金公司，或者转做私募基金。这都可能导致基金的投资策略、风格等发生变化，影响我们的投资收益。如果基金公司能从后备人才中，找到同风格的基金经理替代，那对我们的投资收益影响就不会太大。

好的基金公司，有哪些特点

一家好的基金公司，从定性的角度看有以下三个特点。

稳定的治理结构

治理结构，就是基金公司的管理能力。基金公司的管理能力，对业绩会产生很大的影响。

完善的人才梯队

完善的人才梯队，包括老将、中生代、新生代三个梯队。

第一梯队是老将，也就是从业多年，经历过多轮牛熊市的基金经理。老将身居高位，基金公司给的激励也比较到位，稳定性相对较强。而且老将虽然数量不多，但能长期"活"下来获得好收益的，都是精英，也是我们投资主动基金的重点关注对象。

第二梯队是中生代，虽然从业时间没有老将长，但大多是老将带出来的徒弟。他们的投资风格也比较稳定，只是还不太出名，从中能发掘一些"黑马"基金经理。

第三梯队是新生代，一般从业时间不到 3 年，比较年轻，还没有经过熊市的"毒打"，我们投资时比较少考虑。

为什么 3 年是一个分界线？一般来讲，短期的货币政策周期是三四年，一个小的风格轮动周期也是三四年。所以，如果从业时间不到 3 年，可能看不出基金经理的表现。

稳定的投资风格

风格鲜明并且稳定的基金公司，长期业绩大概率也能做得好。

投资风格在前面的章节中也有介绍。一家基金公司的投资风格，往往跟基金公司的创始人或者投研总监有一定的关系。创始人或者投研总监是什么风格，其带出来的基金经理一般也是同风格。

这在当年格雷厄姆的公司非常明显。格雷厄姆是价值风格，他带出来的巴菲特、施洛斯，包括巴菲特的半个师兄邓普顿，都是鲜明的价值风格。

常见的基金公司

下面是螺丝钉整理的一些比较常见的基金公司名单。

老牌主动股票基金公司（排名不分先后）。

- 易方达。
- 富国。
- 交银施罗德。
- 中欧。
- 兴证全球。
- 景顺长城。
- 南方。
- 汇添富。
- 广发。
- 嘉实。
- 大成。

特色主动股票基金公司（排名不分先后）。

- 上海东方。
- 中泰资管。
- 安信。

- 睿远。
- 中庚。

老牌基金公司往往是"多面手"。特色基金公司通常在某一种风格上做得出色。它们在长期运作、公司治理方面，都是同行中的前列。当然，国内基金行业还在飞速发展，每隔几年，可能会涌现出一批新的基金公司，也会有一些基金公司掉队。

唯一不变的，就是变化。这也是投资的魅力所在。感兴趣的读者可以关注笔者的公众号"银行螺丝钉"，在公众号底部对话框回复关键词"基金池"，就可以看到最新的基金池信息汇总。

不过要注意，基金公司的综合实力并不等于某只基金的投资价值。一家基金公司有很多只基金，优秀的可能也就几只、十几只。并不是基金公司综合实力强，就代表它旗下的全部基金可以随便买。

只不过从投资的角度，大型基金公司和治理结构比较稳定的基金公司，通常更有研究价值。

具体到挑选基金时，我们可以从擅长成长风格的基金公司里面，挑选成长风格的基金；从擅长价值风格的基金公司里面，挑选价值风格的基金；从擅长均衡风格的基金公司里面，挑选均衡风格的基金。这样，就建立起一支基金的"梦之队"。

好品种：优秀的基金经理怎么找

确定好想要重点研究哪些基金公司之后，接下来我们就要挑选基金经理了。并且为了减少单个人的影响，通常是挑选出一篮子基金经理，构建一个基金经理池。

这跟指数有点类似。指数也是因为有一个股票池，每年都有新的公司上市，扩充股票池中股票的数量，实现"长生不老"。

投资主动基金时，也可以用类似的方式，建立一个基金经理池，不断补充、优化，这样就可以实现主动基金组合的"长生不老"。

挑选老将的三个标准

在老将中，也不是所有的基金经理长期收益都好。有的基金经理投资十几年下来，收益还不如同期的指数基金。所以要根据一定的条件，来进行筛选。

挑选老将的标准，主要有以下三个，如图 5-1 所示。

历史业绩好
从业期间年化收益率超过15%

从业时间较长
一轮牛熊市以上

管理过大资金
20亿元以上

图 5-1 挑选老将的标准

首先，老将的从业时间比较长，所以长期年化收益率能够真实反映其投资能力。如果能做到长期年化收益率超过 15%，就是比较优秀的基金经理了。这个收益率，也已经超过了股票基金平均 14% 的长期年化收益率。

为什么不能更高呢？有些朋友刚开始投资时经常问螺丝钉，"百分之十到十几的收益率会不会太低了，经常听身边的朋友说投资1年就翻倍啊。"

其实，A股全部上市公司平均盈利增速就在10%~11%。其中，连续5年净利润增速超过20%的只有1.3%左右。也就是说，所有上市公司中只有1%的头部公司，盈利增速可以超过20%。优秀的基金经理，可以挑选出全市场里更优秀的那一批上市公司，从而达到20%上下的长期年化收益率。这也是我们投资股票基金，能期待的收益率"天花板"。

实际上，能达到20%长期年化收益率的基金经理并不多，能达到15%~20%，就已经是优秀的基金经理了。

其次，衡量基金经理年化收益率时，要用至少一轮完整牛熊市的时间，如10年。

短期的收益率，不一定能反映基金经理的真实水平，可能是能力，也可能是运气。长期下来，经历了上涨的牛市，也经历了低迷的熊市，收益率才会趋于一个真实的平均值。

另外，统计收益率的时间段，起点和终点都不要选择过高或过低的时间点。假如，是从牛市最高点到熊市最低点来统计收益率，那肯定是不太高的。最好开始时是正常估值，经历了一轮牛熊市之后，结束时也是正常估值。用这样一个时间段的历史年化收益率去判断一个基金经理，相对更准确一些。

最后，老将要有管理大资金的经验，管理规模至少为20亿元。

主动基金经理管理几亿元资金和上百亿元资金，面对的压力是完全不一样的，投资策略也有区别。比如资金量小的时候可以投资一些小盘股，资金量大了之后变成以大盘股为主。

前面的章节里也提到过，通常百亿元以内的规模对基金经理来说，运作压力还是可以接受的，如果超过百亿元，管理难度就会增加很多。所以，如果基金经理有管理大资金的经验，应对各种市场行情会更加得心应手。

另外，如果老将管理的资金量不太大，也有可能是因为在公司不太受重视，这种情况下，跳槽的可能性也会比较大。

以上这三个标准，看起来很简单，但同时符合这几项标准的基金经理不到1%。我们可以根据标准，把这些基金经理筛选出来，作为老将梯队的备选基金经理。

挑选"黑马"基金经理的两个方向

除了老将，我们还可以寻找一些有潜力的基金经理，加入基金经理池。可以从以下两个方向来寻找。

第一，一些基金经理虽然担任公募基金经理的从业年限不长，但真实的从业经验是很丰富的。比如有的基金经理，之前在海外从事资产管理工作，后来才到了 A 股公募行业做基金经理。还有的基金经理，之前在保险、私募、券商资管等部门做资产管理。他们之前没有直接管理公募基金，于是"公募基金经理从业年限"这项数据就没有被统计到，投资年限看起来较短。这些基金经理中，有的比较优秀，还没有被市场发掘。

第二，老将带出来的徒弟。他们属于中生代基金经理，和老将在同一个团队里，一起做投资，投资风格和理念都跟老将比较类似。不过他们管理的基金规模，通常比老将小，进攻性也更强一些。这样的基金经理，我们也可以放入基金经理池，如果有的老将管理的基金规模太大了或者限购了，就可以考虑他们。

符合上面这些标准的优秀基金经理，这几年在逐渐增多。国内基金产品数量在飞速增长，基金投资理念也越来越成熟，长期表现不错的基金经理，也会越来越多。这样，基金经理池可以得到源源不断地补充。长期投资不会中断，投资者也更加省心省力。

好价格：再好的品种，也要买得便宜

构建好基金经理池后，是不是就可以随时开始投资了呢？并不是。

挑选出优秀的基金经理，只完成了第一步——挑选好品种，具体投资时，还需要"等到好价格"，也就是要买得便宜。

$$好品种 + 好价格 = 好收益$$

再好的品种，如果买贵了，风险也是比较大的。例如在 2007年、2015 年牛市，五六千点的位置买入，不仅赚不到钱，短期内还会亏很多钱。反之，如果买得便宜，也就是在熊市投资，未来赚钱的概率更大。例如在 2018 年年底的 A 股熊市，买入股票基金长期持有，收益大概率是不错的。具体如图 5-2 所示。

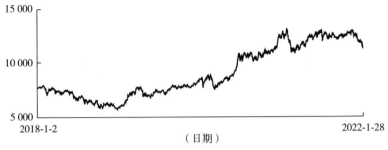

图 5-2　股票基金总指数走势

资料来源：万得资讯。

买了冠军基金，为什么会亏钱

在投资里，有个"冠军魔咒"，是指当年收益最高的股票基金，在接下来几年，收益可能都不太好。每年结束之后，都会看到一些网站和平台评选当年收益最高的基金。也就是针对一年的时间段，把基金的收益从高到低排序，收益最好的就是收益冠军。但是短期收益特别好的基金，往往之后的收益会下降，甚至不如平均值。

"指数基金之父"约翰·博格研究过这个现象。在 20 世纪 70 年代的美股市场，收益最好的前 25% 的股票基金，年化收益率跑赢了标普 500 指数大约 4.8%。这是一个很惊人的数字。但是在 80 年代，这批基金却落后于标普 500 指数。投资者看到结果跟预期的差距很大，最后非常失望。这样的事情屡见不鲜。

A 股也有类似的情况。过去 10 年，进入当年前十的股票基金，只有 3% 能够在下一年继续进入前十；大约 30% 的基金下一年能达到股票基金平均水平，70%会在下一年落后于平均水平。

为什么会有"冠军魔咒"呢？

股票基金，长期平均年化收益率在13%～14%。如果有一只基金，短期收益上涨50%甚至上涨一两倍，就远远超过了平均收益率。之后这只基金，收益率大概率会回归，反而跑输市场平均水平。

老股民经常听到的一句话，"一年三倍容易，三年一倍难"，就是同样的道理。

《史记·货殖列传》说："贵上极则反贱，贱下极则反贵。贵出如粪土，贱取如珠玉。"大意是说，如果物品贵到极点，将来会回归便宜；如果便宜到极点，未来也会涨回来。当物品贵的时候要卖出，视如粪土；当物品便宜的时候要买入，视同珠宝。

这句话，可以说是价值投资理念的高度概括，也是我们要遵守的投资常识：再好的品种，也要买得便宜。

怎么判断一只基金当前是否便宜呢？

指数基金的估值，笔者之前在《指数基金投资指南》一书书里介绍过，并且在公众号"银行螺丝钉"里，每个交易日晚上会更新当日最新的指数估值，至2022年下半年已经持续更新超过2 000期，未来也会继续日更，方便大家随时免费查阅。

主动基金的估值要复杂许多。因为主动基金不会每天公布持有的股票品种，这对基金公司来说也是机密，投资者只能看到基金定期报告里公布的前十大重仓股，比如上个季度的情况。基金经理随时都有可能进行调仓，更换持有的股票品种，我们无法知道当下基金经理的实时持仓。

不过，针对主动基金的估值，我们还是可以通过一些方法来辅助参考的。

主动基金的三种估值方法

参考同风格指数的估值

对于一位基金经理，可以先判断基金经理擅长的投资风格是什么，然后看同风格的指数估值情况，作为参考。

A 股是有风格指数的，例如大盘价值指数、大盘成长指数、小盘价值指数、小盘成长指数。

这几个风格指数的市净率百分位如图 5 - 3 所示。市净率百分位，指当前的市净率数据处于它历史数据百分之多少的位置，通常所处的历史位置越低，估值越便宜。例如，百分位为 0，则表示创下了历史新低。可以看出，2022 年下半年，大盘价值指数、小盘价值指数、小盘成长指数，均在历史较低估值附近。大盘成长指数，估值相对高一点。

以价值风格指数举例，往往覆盖的股票数量比较多，跟很多价值风格的主动基金经理持仓会有重合。当价值风格在估值底部的时候，价值风格的主动基金通常也是低估的。

参考行业指数的估值

如果一位基金经理，重仓某一两个行业，就可以看对应行业的估值作为参考。不过这样的行业也不多，主要集中在消费、医药、

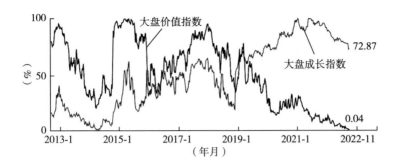

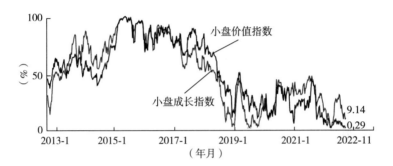

图 5-3　大盘价值、大盘成长、小盘价值、小盘成长指数的市净率百分位

科技这几个方向。比如，在 2022 年 4—5 月的时候，消费、医药、科技指数都回到了低估。这些领域的主动基金当时也是低估的。

螺丝钉星级

不过上述 2 个方法终究不太方便。比如基金经理擅长的投资风格、偏好的行业，判断起来也比较花功夫。而且基金经理偏好的行业也可能会随时间推移发生变化。

于是，笔者设计了一个"螺丝钉星级"指标，来判断市场整体的估值情况，也适合判断主动基金的估值。每个交易日晚上，在"银行螺丝钉"公众号上更新的估值表的最上方，会有一行星星，如图 5-4 所示，这个就是螺丝钉星级了。5 颗星星，就代表正处于 5 星级阶段。

图 5-4　螺丝钉星级示意

螺丝钉星级，会综合考虑市场整体的估值（如市盈率、市净率、巴菲特指标等）、盈利增长、成交量、市场情绪等情况，划分为 5 档。

- 5 星级：市场最便宜、投资价值最高的阶段。
- 4 星级：市场相对比较便宜的阶段。
- 3 星级：市场整体处于正常估值的阶段，少部分品种可能进入高估。
- 2 星级：市场偏贵的阶段，很多品种进入高估。
- 1 星级：市场很贵，基本进入泡沫的阶段，风险巨大。

对于主动基金来说，适合投资的阶段通常是在 4 星级 ~5 星级，此时处于比较便宜、值得配置的阶段。离开 4 星级后，通常就不适合再继续投资了，可以耐心持有。到了 3 星级及以下，就可以考虑卖出止盈了。

这个方法，经过了螺丝钉多年的实践，以及数百万投资者每天的使用，还是比较好用的。

5星级，投资价值最高的阶段

在螺丝钉星级中，5星级阶段往往是最受投资者关注的阶段，因为5星级出现的时机非常少见，持续的时间往往也非常短暂。图5-5是2022年以来螺丝钉星级的变化情况。

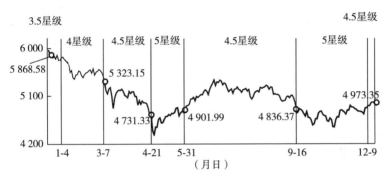

图5-5　2022年以来中证全指走势和螺丝钉星级

资料来源：万得资讯。

过去10年，A股主要是2012—2014年、2018年年底和2022年出现过5星级，如图5-6所示。

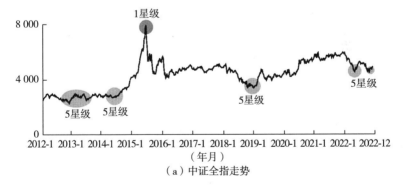

（a）中证全指走势

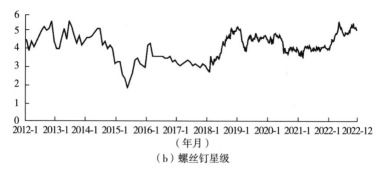

（b）螺丝钉星级

图5-6 2012—2022年中证全指走势和螺丝钉星级

资料来源：万得资讯。

出现5星级，之后的收益往往也是不错的。像2014年、2018年5星级之后的3年时间里，股票基金品种都有一波上涨，如图5-7所示。

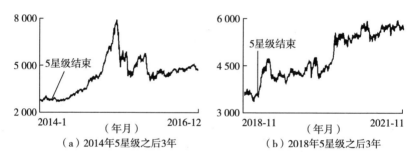

（a）2014年5星级之后3年　　　　（b）2018年5星级之后3年

图5-7 2014年、2018年5星级之后3年的中证全指走势

资料来源：万得资讯。

我们来回顾一下A股过去10年里出现的两次难得的5星级投资机会。

2012—2014年的5星级

A股在2007年，出现了一波特大牛市，之后股灾崩盘。在2008年，因为"四万亿计划"的刺激，再次出现一波牛市。2008—2010

年，A股其实也涨了2倍多，算是一个小牛市。之后，A股就开始了漫长的熊市。

到2012年年中的时候，A股进入5星级。2012—2014年，A股断断续续出现了10个月左右的5星级。2012—2014年，也是A股有史以来最便宜的阶段。具体如图5-8所示。

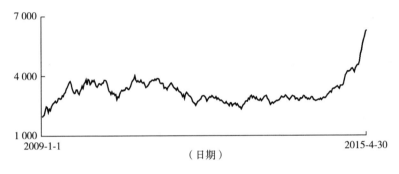

图5-8　中证全指走势

资料来源：万得资讯。

当时A股有多便宜呢？大部分品种都在历史最低估值，就连茅台的市盈率都不到10倍。作为A股大盘股的代表指数，沪深300当时市盈率只有8倍。2014年的A股，整体比港股便宜了10%。不仅跟港股比是便宜的，放眼全球，A股当时都处于估值最低档。

2012—2014年的市场实在是太低迷了。投资者对A股兴趣缺乏，上海证券交易所一天成交金额只有500多亿元。股票市场门可罗雀。

但是，绝望中孕育着希望。还是有很多投资者意识到了A股的投资价值，默默地买入股票资产。过了2014年7月，A股开始上涨。到年底的时候，已经从底部的1 900多点，上涨到3 000多点。

半年时间，上涨 50%。图 5-9 是 2014 年下半年上证指数的走势。

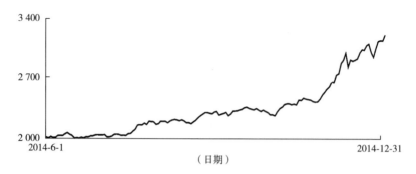

图 5-9　2014 年下半年上证指数走势
资料来源：万得资讯。

不过，上证指数只有上海证券交易所的股票，缺少深圳证券交易所的股票。如果看中证全指，这一轮牛市上涨幅度更高。图 5-10 就是 2014 年年中至 2015 年年底中证全指的走势。

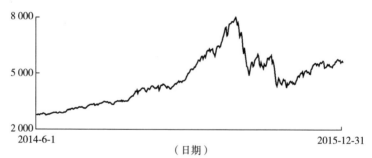

图 5-10　2014 年年中至 2015 年年底中证全指走势
资料来源：万得资讯。

短期的赚钱效应开始吸引越来越多的投资者，最终在 2015 年 6 月，达到了 1 星级泡沫估值。这也是 A 股的特点，"三年不开张，开张吃三年"。

2018 年的 5 星级

A股在2015年上半年出现了一波大牛市。但是到2015年6月，A股已经估值非常高了，进入1星级泡沫阶段。这么高的估值，是无法长期持续的。之后股票市场估值回归，A股整体下跌超过50%。经过此次下跌，市场也逐渐冷静下来，横盘震荡了两年，到2018年的时候，再次下跌。

2018年的市场"惨"到什么程度呢？

比如：

- 2018年，国内3 000多只股票下跌的中位数是33%。
- 国内805只股票基金下跌的中位数是27%。
- 沪深300指数下跌25%，中证500指数下跌33%。
- 2018年也是A股过去20多年里，单年下跌幅度第二多的年份，仅次于2008年金融危机的时候，当时下跌了64%。

在这个背景下，2018年12月，市场再次出现5星级机会。毫无疑问，A股在时隔4年多后，又一次到了投资价值很高的时间段了。具体如图5-11所示。

经过2018年一整年的下跌，投资者的信心再次进入低谷。但在市场绝望的情绪中，反弹也开始酝酿。2019年春节之后，A股触底反弹，在2019年一季度短期大涨。2018—2020年中证全指走势如图5-12所示。

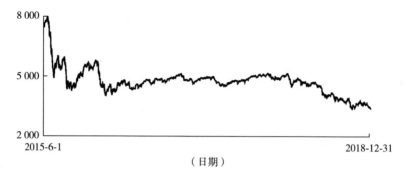

图 5-11　2015 年年中至 2018 年年底中证全指走势
资料来源：万得资讯。

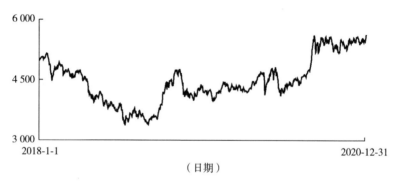

图 5-12　2018—2020 年中证全指走势
资料来源：万得资讯。

2019 年，A 股中证全指上涨 31%；2020 年，A 股中证全指上涨 25%。连续两年，A 股的表现在全球都排在前列。当然，也是因为 2018 年下跌较多，跌出了 5 星级的机会。俗话说，"不要光看贼吃肉，不看贼挨揍"。

良好的赚钱效应，吸引了大量投资者进场。在 2021 年年初，A 股达到了 3 星级。当时估值表里一个低估品种都没有了。很多新股票基金，募集规模超过百亿元，市场非常火爆。很多新投资者是在2021年年初，接触的股票基金。

不过2021年年初的3星级，相比2012—2014年、2018年年底的5星级，估值高出太多。

从过去市场经验来看：

- 5星级是比较少见的，通常3~5年遇到一次。
- 4星级的机会相对较多，平均每2年左右会遇到一次。

投资股票基金，4~5星级的投资机会，还是不难等到的。

买得便宜，不等于马上上涨

一个投资者容易混淆的问题是：已经在市场低估的阶段买入了，为什么还会继续下跌？

"进入低估可以投资"和"进入低估就不会下跌"是完全不同的两件事情。

前者，是从投资价值的角度进行考虑。在市场便宜的阶段买入，相当于"用0.6元买价值1元的东西"，买得值，我们就会投资。后者，则是根据估值来预测短期的涨跌，但短期涨跌往往跟短期估值的关系并不大。短期涨跌有太多的影响因素，比如资金、情绪、政策等，估值对短期涨跌的影响比较弱。但时间拉长到3~5年，低估买入，最后收益大概率都会不错。

所以，即便是在便宜阶段投资股票基金，也需要用至少 3 ~ 5 年不用的闲钱。

投资策略不难，难的是坚持

5 星级在全部大盘历史中的时间，并不长。历史上每一次 5 星级，都是伴随着市场大跌出现的。在 5 星级阶段投资，最难的其实是克服心理上的压力。一个普通投资者，需要一颗"强大的心"，才能在这个阶段大比例投入资金。要顶着各种质疑去加仓、去增加定投金额。

螺丝钉坚持每日推送文章和估值表，一一解答大家的疑问，就是鼓励大家坚持，希望能帮助大家度过最困难的阶段。即使是 2018 年最艰难的阶段，也是坚持日更，没有中断过一天。只要坚持下来，之后的收益也是非常丰厚的。

投资策略不难，难的是坚持。这也是非常宝贵的经验。经历过一次，以后的熊市和牛市就有足够的底气去度过了。

牛熊市信号

4 ~ 5 星级，基本上就是股票市场的熊市了，也是便宜的阶段。除了螺丝钉星级，还有没有其他指标可以辅助判断市场的贵贱呢？有的，主要有定量和定性两种。

定量的信号，主要是：螺丝钉星级、巴菲特指标、股债性价比、市净率百分位等。

定性的信号，主要是：融资余额、成交量、新股破发率、老基金规模、新基金规模、新增开户数等。

螺丝钉星级

螺丝钉星级，会综合考虑市场整体的估值（如市盈率、市净率、巴菲特指标等）、盈利增长、成交量、市场情绪等情况，划分为 5 档。

- 5 星级：市场最便宜、投资价值最高的阶段。
- 4 星级：市场相对比较便宜的阶段。
- 3 星级：市场整体处于正常估值的阶段，少部分品种可能进入高估。
- 2 星级：市场偏贵的阶段，很多品种进入高估。
- 1 星级：市场很贵，基本进入泡沫的阶段，风险巨大。

巴菲特指标

巴菲特指标，源自巴菲特。2001 年 12 月，《财富》杂志上发表了一篇巴菲特的文章提到了巴菲特指标，即市场上所有公开交易的股票的市值占 GNP（国民生产总值）的百分比。巴菲特认为，这个指标虽然有一定的局限性，但可能是任何时候衡量股市估值的最佳单一手段。

GNP 和我们熟悉的 GDP 有什么区别呢？GDP 是国内生产总值的缩写，GNP 是国民生产总值的缩写。

GNP = GDP + 本国公民在国外创造的价值总和 −

外国公民在本国创造的价值总和

不过在实际估值的时候，对 A 股来说，计算巴菲特指标使用 GDP 即可。

巴菲特指标一般来说：

- 80% 以下，代表偏低，市场比较便宜。
- 80%~100%，代表正常水平。
- 100% 以上，代表偏高，市场比较贵了。

图 5-13 为 2022 年巴菲特指标的走势情况，可以看到 2022 年都处于 80% 以下，说明市场整体是便宜的。

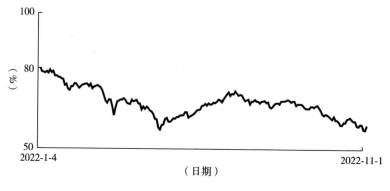

图 5-13　巴菲特指标

利用不同的估值指标判断市场的贵贱，得出的结论往往是相似的。比如在 2022 年 4 月，螺丝钉星级处于 5 星级，巴菲特指标也处于过去几年的较低水平。

股债性价比

股债性价比，是格雷厄姆常用的一个估值指标，因而也被称为"格雷厄姆指数"。

股票和债券是投资中最常见的两个资产大类，而且股票和债券，往往是"跷跷板"的两端，有一定的负相关性。例如，2020 年 3 月，全球股票市场大跌，但同期债券是一轮小牛市；到了 2020 年下半年，股票市场反弹，债券市场又遇到了熊市。所以，我们可以通过对比股票和债券的表现，来大体判断市场的估值情况。对应的指标，就是"股债性价比"。

按照格雷厄姆的说法，"当盈利收益率超过无风险收益率 2 倍以上，股票类资产的投资价值就会不错"。

对应到 A 股，我们在计算时：

- 盈利收益率，可以用中证全指的盈利收益率（盈利收益率 = 总盈利/总市值），这个指数包括了 A 股的全部上市公司。
- 无风险收益率，一般用 10 年期国债收益率，因为国债是一个国家安全性最高的一类资产。

在实际使用中，股债性价比，通常有以下两种计算方法。

- 二者相除，也叫"股债比值"，即，股债性价比 = 中证全指盈利收益率／10 年期国债收益率。
- 二者相减，也叫"股债利差"，即，股债性价比 = 中证全指盈利收益率 – 10 年期国债收益率。

这两种计算方法都比较常见，反映出来的牛熊市信号也类似。都是数值越高，代表股票资产相对债券资产的性价比越高，越有投资价值。格雷厄姆所说的"2 倍以上"，与第 1 种方法更贴近。螺丝钉在牛熊信号板中，也是用第 1 种方法来计算的。因为这种方法，对市场波动的敏感性更强，也更利于我们去观察。

用 A 股中证全指的盈利收益率，除以 10 年期国债收益率，计算出来的股债性价比，通常可以从"绝对数值"和"相对位置"两个角度，去观察和分析。绝对数值上，当股债性价比指标大于 2 时，说明市场是相对便宜的，股票资产的投资价值较高；相对位置上，可以观察指标在历史走势中所处的位置，当处于较高的位置时，就说明股票资产在非常划算的阶段。

如图 5 – 14 所示，2022 年 11 月 1 日，股债性价比在历史走势中的位置很高，"当前百分位 2.47%"表示股债性价比处于历史最高的 2.47% 的位置，超过了历史上 97% 的时间，即市场正处于很便宜的阶段。

不过，有两种情况下，股债性价比指标可能会失效。一是当上

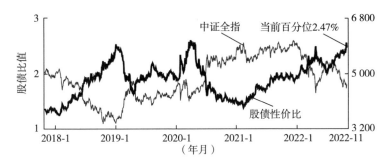

图 5-14　股债性价比

市公司盈利出现异常波动时；二是当实行零利率或者负利率时，作为分母的 10 年期国债收益率出现了异常。所以，结合其他的指标综合判断，比如螺丝钉星级、巴菲特指标等，准确率会更高一些。

市净率百分位

估值百分位，衡量的是历史上有多少时间比当前估值更低。例如在 20% 的百分位，说明历史上只有 20% 的时间比当前更低。如果是 0% 的百分位，意味着当前处于历史最低估值。

利用百分位衡量的时候，要注意以下几点。

- 百分位统计的时间长度，最好包括一轮牛熊市以上的数据。牛市估值数值更高，熊市估值数值更低，一轮牛熊市以上的数据更有助于准确衡量。
- 百分位对市场整体的参考价值更大，对单股票或者单个品种，参考价值较低。

● 市盈率、市净率等不同的估值指标，都有百分位数据。不过对上市公司来说，盈利的波动性比净资产的波动性更大。大多数时候，市净率的百分位比市盈率百分位更可靠一些。

分析百分位的时候，也可以观察不同投资风格的品种市净率百分位所处的位置。通常百分位在 20%~30%，是偏低水平，这也是熊市的信号。

图 5 - 15 是几种不同投资风格的市净率百分位。比如在 2022年下半年，大盘成长的估值高一些，大盘价值、小盘成长、小盘价值的估值都在偏低水平。

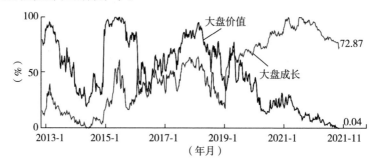

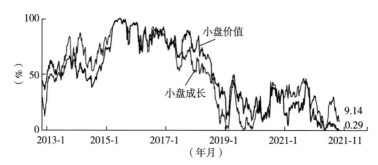

图 5-15　不同投资风格的市净率百分位

融资余额

　　融资，指的是投资者向证券公司借钱来买股票。融资余额，就表示当前尚未偿还的借款金额。融资余额越低，说明市场上借钱的人越少，市场越冷清；融资余额越高，说明市场越火热。图5-16所示为2017年9月至2022年1月A股沪深两个融资余额情况。

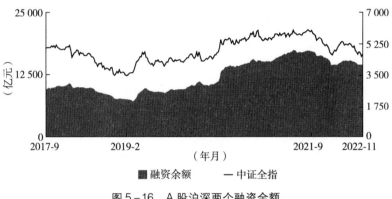

图5-16　A股沪深两个融资余额

成交量

　　全市场成交量也是一个判断市场火热程度的指标。成交量越高，说明投资者越活跃，市场处于火热阶段；反之，则说明市场比较低迷，处于便宜阶段。

　　不过，因为A股市场股票数量是持续增加的，并且投资者数量也在不断增多，成交量本身是逐渐往上走的。所以成交量一般看的是最近几年的情况，定性观察一下。如图 5 - 17 所示，2022 年 10 月的成交量处于当年较低水平，市场反弹后，成交量也有所提高。

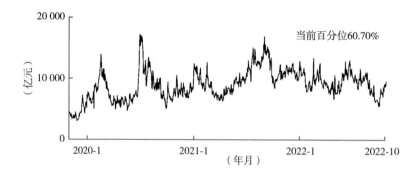

图 5-17　A 股沪深两市成交量和百分位

注：成交量百分位，是指当前的成交量数据，处于它历史成交量数据里百分之多少的位置。通常所处的历史位置越低，市场行情越低迷。

新股破发率

很多老股民都知道打新股这种操作。公司申请上市被批准后，首次公开募股，简称 IPO。公司会向市场募集资金，并出售部分股份。如果投资者申购这部分新股，就是打新股。打新股，在很多年份收益都是不错的。为什么打新股有可能赚钱呢？

其中一个原因，是同一行业中，上市公司和非上市公司之间存在估值差。因为上市公司多了股票市场这个融资渠道，同时上市公司的身份也是公司实力的象征，对公司发展更有利。所以大多数行业里，上市公司的估值会比非上市公司的估值高一些。那公司从非上市状态变成上市状态，就会有一个估值的提高。这也是打新股的收益来源。

牛市越火爆，上市公司的估值越高，打新股的收益也会水涨船高。熊市越低迷，上市公司的估值越低，打新股的收益也比较低，甚至破发，也就是参与打新股，不仅没赚钱，反而还亏钱。

如图 5-18 所示，2022 年 4 月月底，新股破发率达到比较高的水平，有接近一半的新股破发，说明市场很便宜。5~6 月市场反弹后，新股破发率有所下降。

如果近期所有新股都不破发，甚至所有新股的平均收益率都很高，这往往就是牛市火热的信号了。

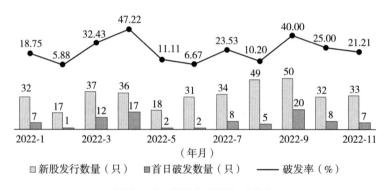

图 5-18　新股发行数和破发率

老基金规模

已经存在的老基金的规模也会受到市场的影响。

在 A 股市场，投资者仍然存在"追涨杀跌"的交易特点。如果市场火热，会吸引大量新投资者进入，投入更多的资金，从而使基金的规模大涨。如果市场低迷，投资者可能会由于恐慌或坚持不住等原因而赎回，导致基金规模下降。所以，从基金规模的变化，也可以判断市场的牛熊市情况。

如果要看规模的变化，那不同投资风格的基金中规模最大的基金，其规模的变化会更明显，更有代表性。我们可以选出不同投资风格中规模最大的代表性老基金来观察。

图 5-19 选取了成长、价值、均衡等投资风格中，规模比较大、有代表性的基金规模变化情况。可以看到在 2020—2021 年市场上涨的阶段，基金规模普遍大幅增加；2022 年市场下跌，基金规模"缩水"。

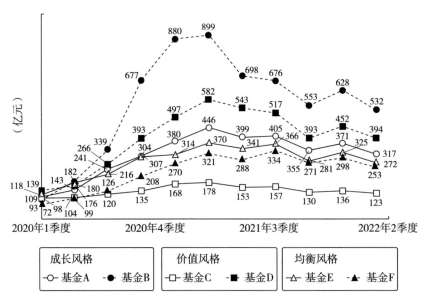

图 5-19　各风格代表性基金规模

新基金规模

除了老基金规模的变化，新股票基金的募集规模，也是一个参考指标。牛市越火热，新股票基金的募集规模越大；市场越低迷，新股票基金的募集规模越小。

在股票基金市场，有一句话叫作，"好做不好卖，好卖不好做"。这句话是什么意思呢？

当股票基金投资价值高、预期收益好的时候，往往是市场比较便宜的时候。然而这个时间段，市场太低迷了，基金公司难以募集资金。反之，当市场行情非常好，基金公司很容易就募集到资金的时候，却往往是市场比较贵、投资价值并不太高，甚至伴随着较大投资风险的时候。

例如2007年牛市、2015年牛市，都出现过某只新股票基金，刚一上市开始募集资金，规模就突破了百亿元的情况。2021年年初，市场最火热的时候，甚至出现了一只新基金吸引千亿元级别资金的情况，百亿元规模新基金比比皆是。

投资者的热情高涨，这个阶段还没参与市场的人往往会有一种"再不买就来不及了"的感觉，然后就跟着冲了进去。但是在高位成立的新股票基金，之后的收益比较惨淡，投资者如果在新基金成立的时候买入，可能会被套很长时间。

以前股票市场流传一个故事：一个券商营业部看门的大爷，炒股赚了钱，很多人问他投资的秘诀。大爷说，"我就看营业部的停车场，停车场没车的时候，我就买股票；停车场停满车的时候，我就把股票卖掉。"这虽然是个故事，但背后的道理值得深思。

投资时，人多的地方不要去。出现单日募集超过百亿元的新股票基金，就是一个市场火热的明显信号。而在熊市低迷阶段，新股票基金的募集规模往往只有几亿元，甚至频繁出现募集失败的情况。

图5-20展示了过去几年新基金发行规模情况，可以看到2021年年初3星级时，新基金规模普遍很大，而到了2022年4月月底5星级的阶段，新基金规模只有前者的几十分之一。

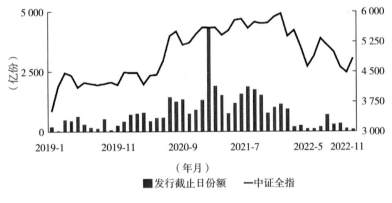

图5-20 权益类新基金月发行规模

新增开户数

当股市火热的时候，会吸引大量新投资者入场，从而使新增开户数增多。所以，观察股市的新增开户数，也可以了解市场的牛熊状态。

图 5-21 是过去十几年股市新增开户数的统计情况，可以明显看到，2007 年和 2015 年大牛市的时候，新增开户数陡然增多。

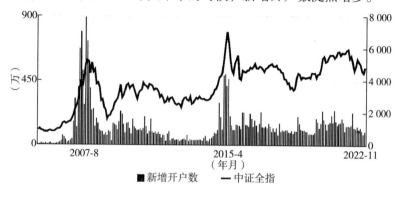

图 5-21　新增开户数

其他信号

还有一些其他信号可以帮助了解市场的牛熊状态。

例如，在熊市底部的时候，部分基金经理、基金公司，会发表自己看好市场投资机会的观点，并大额买入自己管理的股票基金。而到了牛市高位的时候，基金经理可能会赎回自己之前熊市买入的基金。

在熊市低迷的时候，市场也会推出一些利好消息来刺激市场，例如降息降准，或者降低交易手续费等。

投资者的情绪指标，也是一个参考信号。例如在熊市底部的时候，在基金交易平台的基金讨论区，投资者会发表大量的负面言论，因为很多投资者是缺乏耐心的。而在牛市火热的时候，投资者会纷纷在讨论区晒出自己的收益。当晒收益的行为频繁出现的时候，我们也要小心。

其实使用单一信号的时候，有可能出现误差，传递的信息不一定精准。但是如果多个信号都表现出当前是熊市低迷或是牛市火热，那准确性就大大提高了。所以这些信号，往往要结合在一起判断。

为了方便大家查看，螺丝钉专门做了"螺丝钉牛熊信号板"，定期更新，大家可以在公众号"银行螺丝钉"底部菜单栏随时免费查阅最新信息。

投资者笔记

- 好品种 + 好价格 = 好收益。我们在投资主动基金的时候，需要先挑选出优秀的主动基金品种，然后在便宜的阶段买入，才可能获得满意的收益。

- 挑选主动基金时，要先考虑基金公司，综合实力更强的基金公司有稳定的治理结构、人才梯队和投资风格，有助于基金经理做好投资研究。

- 构建一个基金经理池，以降低基金经理个人的风险。其中，包括老将和"黑马"基金经理。老将的筛选主要有三个标准：长期收益好、从业时间长、管理过大资金。

- 再好的品种也要买得便宜。螺丝钉星级，可以帮助投资者衡量市场整体所处的位置。通常 4~5 星级，是市场很便宜的阶段，也是投资股票基金的好时机。螺丝钉星级每日更新，可以随时在笔者的公众号"银行螺丝钉"里查看。

- 其他一些判断市场牛熊市的信号，包括巴菲特指标、股债性价比、市净率百分位、成交量、新/老基金规模等。多个指标需要综合使用。

第 6 章

构建主动基金投资组合

投资有点像游泳。看再多的游泳教材书，都不如下水试一下。没有人能通过读书，学会游泳。

真金白银地去尝试投资，才能感受到市场的波动，积累经验，逐步成为一名成熟投资者。

——银行螺丝钉

在前面章节中，我们了解了如何挑选主动基金，如何判断市场的投资机会等。那面对挑选出来的众多备选基金，在投资的时候具体该怎么做呢？

对大部分人来说，用组合的方式去投资主动基金，而不是单独投资某一位基金经理，会更稳妥一些。

为什么要做组合投资

组合投资，相比只投单只基金来说，有以下三个优势。

减少基金经理的个人风险

买指数基金，不太依赖基金经理，因为指数基金复制指数，按照指数的规则来选股，主要看指数的投资价值。

买主动基金，就是买基金经理，要看基金经理的投资能力。因此，基金经理个人的因素，就是最大的风险了。比如基金经理会有自己的职业规划，可能跳槽或者创办私募基金等，也可能因为身体状况或者退休等，不再管理原来的基金。如果基金经理换了人，那基金的投资策略、风格等都可能随之发生变化，从而影响我们的投资。如何减少单个人的风险呢？

我们可以构建一个基金经理池，储备一批优秀的基金经理，用组合的方式做投资，从而减少单个人的风险。

举个形象的例子，比如一支球队，比赛的时候不会只派一名球员上场打球，也不会派球队里的所有球员上场，而是精选出表现更好的球员，并根据对手特点、球场环境等各项条件，来决定上场的球员（见图6-1）。

并且在比赛过程中，也会根据各位球员的表现来进行调整。如果有球员受伤了，则可以用后备队员来进行替换。

图6-1　构建基金经理池就如精选优秀球员组成球队

这样，如果有一位基金经理离职或出现了风险，我们可以选择同类的其他基金经理顶上。不用担心投资中断。关于如何挑选优秀基金经理，请参阅本书前面章节。

降低波动风险

在构建投资组合的时候，我们可以选择多种不同的投资风格，进行分散配置。同时，对于同一种投资风格，也分散配置不同的行业。这样可以有效地降低组合整体的波动风险。

A股有风格轮动的特点。不同投资风格，涨跌阶段不同。有时价值风格表现好，有时成长风格表现好。A股也有大小盘轮动的特点，有时大盘涨得好，有时小盘涨得好。

如果是只投资单一品种，波动就会比较大，对投资者来说，心理还是比较难承受的。而做好分散配置后，波动会降低，可以改善持有基金时的体验，帮助投资者做好长期投资。

提供更多收益来源

在前面的章节，我们分析过主动基金的收益情况。总的来说，有三个收益来源：股票市场整体收益、股票基金选股带来的收益、挑选优秀基金经理带来的收益。

最大的来源：股票市场整体收益

最底层也是最大的一个收益来源，是股票市场整体收益。这个收益可以看中证全指。中证全指覆盖了A股的全部上市公司，是比较有代表性的指数，反映了沪深市场中几千家上市公司的整体表现。过去十几年，长期历史平均年化收益率约为10%。在此基础上，通过股票基金的选股，可以带来超额收益。

收益提高：股票基金的选股

A 股的几千家上市公司，并不都是赚钱的。其中，有的盈利能力比较强，有的盈利能力弱一些，有的甚至是亏钱的。股票基金，不会把所有公司全部买下来，而是会有选股的过程，通过挑选一部分盈利能力更强的股票来提高收益。这个收益可以看股票基金总指数。股票基金总指数反映了 A 股全部股票基金的整体收益情况。过去十几年，长期历史平均年化收益率约为 14%，比中证全指高3% ~ 4%。

主动优选：精选优秀的基金经理

不过，A 股全部股票基金，也并不都是长期业绩好的。主动基金数量这么多，但长期收益好的基本上是有稳定投资风格的，比如价值风格、成长风格、均衡风格等。如果我们在投资时，从各个投资风格中，精选从业时间长、年化收益率相对较好或者是比较有潜力的优秀基金经理，就可以进一步获得超额回报。一些优秀基金经理的长期年化收益率，比股票基金整体平均收益率更高，可能达到15% 以上。

组合投资：分散配置和再平衡

在上面三种收益来源的基础上，如果我们构建一个投资组合，通过组合的方式来投资一篮子基金，还可以运用分散配置和再平衡的投资技巧，继续增厚收益，达到"1 + 1 > 2"的效果。所以，构建投资组合是很有必要的，可以帮助我们更放心地投资，从容应对基金经理个人的风险，帮助我们提升投资体验，降低波动风险，同时运用更多的投资策略来增厚收益。

分散配置：让组合更稳健

为什么分散配置可以减少波动风险，带来额外的收益呢？这跟投资风格的轮动有关系。

A 股的风格轮动

股票市场有不同的风格，有大盘、小盘风格，有成长、价值风格。这些风格，通常不是同涨同跌的，而是"你方唱罢我登场"，轮番上阵，如图6-2所示。

- 2015 年，成长风格表现出色。
- 2016—2018 年，则是价值风格表现强势。
- 2019—2020 年，连续两年成长风格强势，价值风格低迷。
- 2021—2022 年，价值风格又比较强势。

成长风格 表现好	价值风格 表现好	成长风格 表现好	价值风格 表现好
2015年	2016—2018年	2019—2020年	2021-2022年

图6-2　成长、价值风格轮动

大盘股和小盘股，也有类似的轮动特征。怎么区分大盘股和小盘股呢？

通常是按照沪深300（大盘）、中证500（中盘）、中证1000（小盘）这样的方式来划分的。

沪深300，是市值规模最大的前300家上市公司的股票，这些公司平均市值在几百亿元到千亿元。通常把沪深300作为大盘股指数的代表。

中证500，包括规模最大的第301到第800家公司的股票。中证500所包含的公司市值的平均规模在100亿~200亿元，通常被认为是中盘股的代表。

中证1000，包括规模最大的第801到第1 800家公司的股票。中证1000所包含的公司市值的平均规模就更小了，平均几十亿元，是小盘股的代表。

剩下还有两三千只更小的小盘股，暂时缺少对应的指数。

大盘股、中小盘股的风格轮动如图6-3所示。

- 2012—2015年，中小盘股的表现比大盘股更好。当时大盘股收益比较惨淡，也被称为"大烂臭"。
- 2016—2020年，大盘股的表现比中小盘股更好。市场又有声音说"强者恒强，中小盘股未来收益起不来"。
- 2021年，中小盘股的表现又更好。

中小盘股 表现好	大盘股 表现好	中小盘股 表现好
2012—2015年	2016—2020年	2021年

图6-3 大盘股、中小盘股的风格轮动

那么，不同风格长期收益是不是有高低上下之分呢？

长期来看，大盘股和小盘股，也就是沪深300、中证500、中证1000这几个指数的收益率差不多。成长股和价值股，长期回报也是接近的，只是短期会有差别。

我们再来看两个比较典型的指数——300价值指数和300成长指数。顾名思义，300价值指数，是从沪深300中挑选价值风格的股票，反映了市场里大盘价值风格股票的表现情况。300成长指数，是从沪深300中挑选成长风格的股票，反映了市场里大盘成长风格股票的表现情况。这两个指数开始的时间是一样的，都是从2004年年底1 000点起步。如果把这两个指数对应的分红收益也考虑进去，就是300价值全收益指数和300成长全收益指数了。

这两个全收益指数的长期收益率如何呢？

如图6-4所示，截至2022年5月1日收盘，这两个指数的点数趋于一致，基本上是同样的收益率。

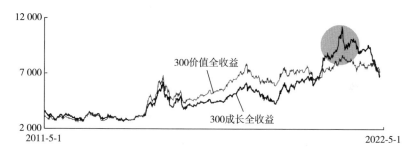

图6-4　300价值全收益指数和300成长全收益指数走势
资料来源：万得资讯。

可以看到，每隔几年，会出现价值风格阶段性强势，或者成长风格阶段性强势。比如说，2015 年牛市之后，2016 年、2017 年、2018 年连续三年价值风格表现比成长风格好。2019—2020 年，成长风格则从底部开始奋起直追，到 2021 年的时候超过了价值风格。从图 6 - 4 中的圆圈部分可以看出，300 成长全收益指数的点数比300 价值全收益指数高了一大截。但是时间拉长后，两个指数经常彼此交错，说明两个指数长期回报差不多。

不过可以清晰看到，A 股成长和价值风格轮动这个鲜明特点。

有朋友可能会问：我们投资的时候，哪种风格接下来表现更好就投资哪种，可以吗？

未来哪种风格表现更好，其实没有办法预测。从过去经验来看，当前哪种风格暂时低迷，未来几年表现好的概率相对高一些。在投资的时候，我们可以分散配置不同的投资风格，无论哪种风格表现好，都能受益。

同时，可以根据不同风格的估值情况，调整各自的比例。哪种风格更便宜，我们就可以多配置一点，耐心等待下一轮这种风格进入强势阶段。这也是分散配置的思路。

分散配置的威力

在投资的时候，拥有分散配置的理念是很重要的。

很多朋友投资的时候，觉得体验比较差，难以坚持，往往是因为将资金全部重仓一两个品种。

我们来看一个故事。王大妈有两个闺女，大闺女卖伞，二闺女卖布。王大妈就犯愁，雨天担心二闺女生意不好，晴天担心大闺女生意不好。

假设两个闺女的生意赚钱能力相同。时间拉长后，会经历无数个晴天雨天，也就是会经历无数个小的周期起伏。最后，两个闺女都是赚钱的。

其实王大妈只需要换一个角度来想，就没必要为某一个晴天或雨天担心。如图6-5所示，晴天为二闺女生意好高兴，雨天为大闺女生意好高兴。

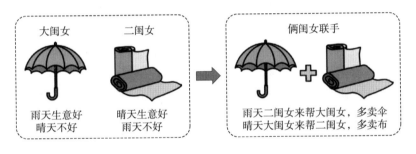

图6-5 分散配置的威力

并且，如果两个闺女更精明一些：雨天的时候，二闺女来帮大闺女，多卖伞；晴天的时候，大闺女来帮二闺女，多卖布。这样效果会更好。这就是分散配置的威力。

我们做个回测，挑选从业10年以上的价值风格、成长风格老将。

2016年年初至2022年3月不同风格老将的收益及回撤情况如下，具体如图6-6所示。

- 单独配置成长风格老将，收益率约为70%，最大回撤率约为37%。

- 单独配置价值风格老将，收益率约为85%，最大回撤率约为24%。

- 假设把两位老将，各配置50%，每年重新平衡一次。这样的一个组合，总收益率约为97%，最大回撤率约为28%。

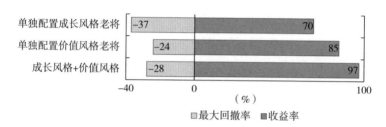

图6-6 不同风格老将的收益及回撤情况

可以看到，第三种情况的收益比前两种要高一些，而最大回撤则介于两者之间，也就是：1+1>2。

这里需要注意两点：一是，分散配置的对象需要是涨跌不同步的，例如不同的风格，一个卖伞、一个卖布；二是，两个对象都需要是长期收益不错的，就好比不管是卖伞还是卖布，长期都得是赚钱的。

再平衡：获得额外收益

分散配置可以减少波动风险，但如果只做分散，那么过段时间随着市场的涨跌，不同资产的比例自然会有高有低，也就失去了分散的效果。比如，一开始，50%的资金投入品种A，50%的资金投入品种 B。A 和 B 的涨跌并不同步，一段时间后 A 上涨比较多，比例就超过 50% 了。所以需要按照一定的方式，进行再平衡。

香农的发现

再平衡策略的好处，之前有人研究过，而且是一位非常出名的大师，就是信息论的创始人香农（Shannon）。香农是近代历史上数一数二的科学家，以一己之力研究出了信息论，进而推动现代的通信、计算机、互联网等一系列信息科技的出现。

他对投资非常感兴趣，传说他的投资收益率堪比巴菲特，但没有公开的产品可以验证。不过，他写过一些投资方向的论文。1966—1971 年，香农在麻省理工学院做过几次投资的公开讲座，主题就是利用股票波动赚钱。

当时香农举了一个例子，假设一只股票，长期来看不涨不跌，收益为 0，但是这只股票中间会有波动。此时有一位投资者，用 50% 的资金配置这只股票，50% 的资金保持为现金。之后，每年重新恢复 50%∶50% 的比例。这就是一个典型的"50∶50 动态平衡策略"。

我们假设：

第一年，投入 500 元到股票，500 元为现金。这只股票第一年"腰斩"，股票这部分变为 250 元，现金 500 元不变。此时再平衡，我们要从现金中拿出 125 元。之后持有 375 元现金，375 元股票。

第二年,股票翻倍。375 元的股票,变为 750 元,加上 375 元的现金,总资产是 1 125 元。此时再平衡,会持有 562.5 元的股票和 562.5 元的现金。

通过上面这个例子,我们可以看到:即使股票先"腰斩"再翻倍,也就是说股价不涨不跌,当然现金也是不涨不跌,但通过再平衡,投资者的资产神奇地增加了 12.5%。这就是再平衡策略的威力。

不过,使用再平衡策略要符合以下两个条件。

第一,至少要有两个以上涨跌不同步的资产。像大盘小盘轮动、成长价值风格轮动,是涨跌不同步的;股票和债券,也是涨跌不同步的。

第二,按照一定规则设定好比例和再平衡的规则。

如果构建一个基金组合,满足以上两个条件,使用再平衡策略,就可以捕捉到一些投资机会,起到增厚收益的效果。

4 种常见的再平衡策略

1. 定期再平衡。比如说 50 : 50,每年定期重新再平衡一次。简单方便,容易操作。

2. 偏离度达到一定程度后再平衡。比如说一开始 50 : 50,之后如果比例达到 60 : 40 或者 40 : 60,就触发一次再平衡。不是按照时间,而是按照偏离程度。

3. 按照估值再平衡。原理类似偏离度再平衡,但不是参考价格,而是看估值。因为有的时候价格上涨,估值不一定上涨。比如低估的投资风格，配置比例提高一些；高估的风格，配置比例降低一些。

4. 按照波动风险再平衡。比如按照每类资产的波动率来分配比例，让每一类资产在组合中的波动风险占比相同，也被称为"风险平价策略"。这种再平衡会复杂一些。

构建主动基金组合时，通常是分散配置不同风格的主动基金，使用估值再平衡策略会更多一些。比如组合中如果某一种风格估值相对更低，那它在组合中的配置比例就可以相应提高。

5 步手把手教你构建组合

前面我们已经了解通过组合来投资的好处，接下来我们就会运用所学的知识，来构建一个主动基金组合。

步骤 1：构建基金池

根据 5 种不同的投资风格，包括深度价值风格、成长价值风格、均衡风格、成长风格、深度成长风格，筛选每种风格中的优秀老将、"黑马"基金经理，把他们作为备选，全部放入基金池。

基金池的好处是，帮我们减少单个人的风险。假如投资组合中的某一位基金经理离职或出现风险，我们可以快速从基金池中找到同类基金经理顶上，让投资延续。

同时，基金池需要定期更新。因为市场上不断会有新的优秀基金经理出现，一旦发现就可以放入基金池。

为了节省大家的精力，笔者也会定期在公众号"银行螺丝钉"里更新自己比较看好的基金经理，在公众号底部对话框里回复"基金池"，就可以查看最新信息。

步骤2：分散投资风格

从基金池中挑选基金进行投资的时候，要具备多种不同风格。如果不同风格估值差不多，可以平均分配不同风格。如果某种风格估值较低，可以适当提高组合中对应风格的比例。分散配置不同风格，可以获得不同风格的长期收益，同时波动风险会比只投单只基金更小一些。

步骤3：分散不同行业

在基金池中选择某一个投资风格的基金时，还要考虑不同行业的分散配置。即便是同一种投资风格的基金经理，偏好的行业也会有区别。例如，同样是深度价值风格的基金经理，有的偏好金融地产，有的偏好能源材料。在投资组合中涵盖更多不同的行业，也能进一步降低组合整体的风险。做完以上3步，一个投资组合也就初具雏形了。

步骤 4：买得便宜，先保护好自己

那是不是随时就可以开始投资了呢？也不是，构建好的组合，要真金白银买入还得看估值，在市场便宜的阶段再买入。以上步骤帮我们挑选出了好品种，接下来我们就需要耐心等到出现好价格的时候，再出手投资。

前面的章节，也介绍了很多判断市场贵贱的方法，其中比较简单好用的就是"螺丝钉星级"了。

主动基金组合，适合在市场处于 4 ~ 5 星级阶段，开始投资。并且越是接近 5 星级，投资价值越高。如果买贵了，即便买的是优秀基金经理，也可能面对短期较大的波动风险。买得便宜，先保护好自己。

步骤 5：按照估值再平衡

在持有的过程中，还要做好再平衡。主动基金组合一般采用估值再平衡策略。

举个例子，如图 6 - 7 所示，假设一开始价值风格和成长风格各配置 50%，之后一段时间价值风格强势，涨得更多，达到了 60% 的占比。此时，如果价值风格估值相对较高，就可以将价值风格止盈一部分，增加成长风格比例。

一段时间后，如果价值风格又便宜了，可以再次增加价值风格

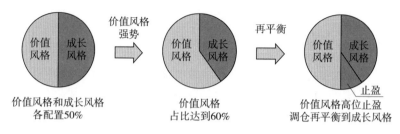

图6-7　再平衡示例

比例。时间拉长后，再平衡策略可以帮助我们获得一定的超额收益。

掌握了以上5个步骤，我们就学会了用主动基金构建投资组合的方法。但是掌握知识是一回事，真正实践起来可能又是另一回事了。到了实战环节，还有很多琐碎的细节，比如基金经理投资能力如何、基金是否限购、基金费率如何、基金经理近期的投资风格是否发生变化、再平衡时不同基金的调仓置换怎么操作等。而且新手投资者很容易受到市场涨跌的影响，可能无法坚持按照这些方法一一执行，比如一不小心就重仓某一两个品种。对普通投资者来说，平时还要上班，也没有太多的时间来专门研究投资，最后实际执行结果可能千差万别。

那有没有一种可能，存在一个已经构建好的基金组合，投资者只需要一开始投入资金，后续自己不用再操心，组合可以自动完成品种的选择、比例的分配、风格和行业的分散配置，以及再平衡等一系列操作呢？

有的，在这样的需求下基金投顾组合就诞生了。

下一章我们就来了解一下，基金投顾的相关知识。

投资者笔记

- 通过基金组合来投资，有三大优势：减少基金经理的个人风险、降低波动风险、提供更多收益来源。
- A 股有大盘小盘、价值成长等风格轮动的特征。我们可以利用这种轮动做好分散配置，包括不同投资风格的分散，以及不同行业的分散。
- 使用再平衡策略，可以捕捉到一些投资机会，起到增厚收益的效果。常见的再平衡策略有 4 种，其中估值再平衡是构建主动基金投资组合时常用的。
- 学会 5 个步骤，构建好一个基金投资组合。

第 7 章

基金投顾如何帮投资者赚钱

波动，是股票资产的固有属性。股市涨跌，是正常现象，未来涨跌也无法预测。

投资，不是一夜暴富的途径，也不是短期内让资产翻番的方法。年轻时，仍然需要努力工作，靠自己的劳动赚取工资收入。同时做好家庭资产的打理，慢慢积累优质资产，享受企业盈利增长带来的长期收益。

——银行螺丝钉

基金投顾是怎么来的呢？

基金投顾，顾名思义，就是基金的投资顾问。很多行业都有顾问，特别是一些专业性很强的行业。例如，看病吃药，需要医生，医生就是顾问；有法律问题，需要律师，律师也是顾问。

基金投资也是如此。在很多好基金上，投资者却赚不到钱。有可能基金收益翻一倍，但是大多数投资者买在高位，最后反而是亏钱的。

基金投顾要做的，就是帮助投资者挑选好品种，提示好价格，并且帮助长期持有。

基金赚钱，投资者却不赚钱

基金业协会曾经的统计数据，从 1998 年中国公募基金诞生到 2017 年，股票基金的长期平均年化收益率大约是 16.18%。2017 年，当时 A 股行情不错，股票基金年化收益率也比平时略高一些。

以 20 年的维度统计数据，如果遇到市场行情好一些，股票基金的平均年化收益率就高一些；如果遇到市场行情差一些，股票基金的平均年化收益率就低一些。但长期来看，股票基金的年化收益率可以达到14%上下，超过绝大多数常见的投资理财品种。

虽然基金的收益不错，但投资者的收益如何呢？投资股票基金的个人投资者，平均年化收益率是2%。是的，你没有看错，是2%。几乎跟同期货币基金的年化收益率差不多。这还是一个平均数，意味着有很多投资者其实是亏钱的。

基金赚钱，为什么投资者不赚钱？主要有两个原因：追涨杀跌和频繁交易。

追涨杀跌

很多投资者并不是一开始就投资股票基金的，往往是在牛市大涨之后，身边朋友都在买股票基金，才开始投资的。

图7-1是过去10年，沪深300指数和A股每月新股票基金发行规模的走势对比。

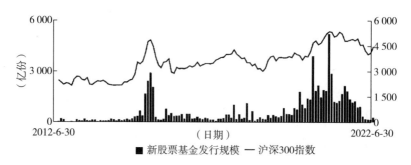

图7-1　沪深300指数与A股每月新股票基金发行规模走势对比
资料来源：万得资讯。

可以看到，股市大涨之后，新基金发行规模往往也会大增。此时，投资者抢着买基金，新基金根本不愁卖，百亿元规模新基金比比皆是。甚至在 2021 年年初，出现了单日募集超过千亿元的新基金。

但这时候的市场正处于高位，我们在此时投资可能要承担比较大的风险，之后短期回撤也比较大。反过来，到了市场冷清的时候，新基金不好卖，但这时可能会出现一些低估买入的机会。

即便不是新基金，而是一只老基金，投资者也是倾向大涨后追涨买入。再来看一个例子。

图 7-2 展示的是一只老基金 2018—2020 年的净值走势与规模变化情况。

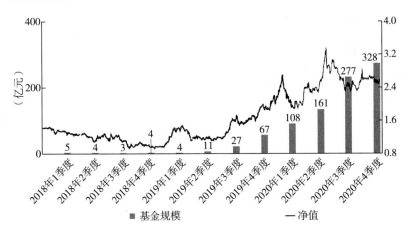

图 7-2　某基金 2018—2020 年净值走势与规模变化情况

资料来源：万得资讯。

可以看到，在这几年中，基金的净值上涨了很多，单从基金的表现来说，这是一只收益率不错的基金。

但是我们也会看到一个比较奇怪的现象：大部分投资者并不是

一开始就买入了这只基金。最开始时基金规模很小，从图中几乎看不见，说明当时没有多少人买。随着基金一路上涨，直到2020年3季度市场大涨后，基金规模达到了很高的程度。也就是说，大部分投资者都是在大涨后才开始投资这只基金，他们并没有从头到尾吃到这只基金的收益。

高位买入的投资者，一旦遇到市场出现短期回调波动，就会导致浮亏。这只基金季报里的数据也能说明这一点：基金两年上涨了1倍，但投资者2020年整体亏损十几亿元。也就是说，两年上涨1倍的基金，仍然有可能让很多投资者亏钱。

这种情况，在股票市场一直存在。图7-3是过去十几年，代表股市整体情况的中证全指的涨跌幅以及同期新增开户数走势图。

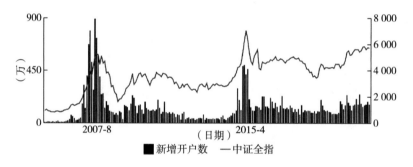

图7-3　中证全指走势与A同期股新增开户数对比
资料来源：中国结算官网，万得资讯。

大约有70%的股民，是在2007年、2015年牛市大涨后开户的。并且市场越上涨，开户的人越多，最高位入场的人，之前的上涨没有享受到，之后的下跌却吃到了。

追涨杀跌，是投资者亏钱的第一个原因。

这里分享一个真实的故事，来自螺丝钉的读者。

追涨

小王2005年从985高校硕士毕业，回到家乡当了一名公务员。正值基金兴起，于是小王和父母沟通，把父母的15万元养老金拿过来，准备投资基金。加上自己的工资，小王在2006—2007年，共投入了18万元，买的都是股票基金。

当时，小王是典型的越涨越买。2007年大盘站上6000点，如图7-4所示，他还在买。结果可想而知，被套严重，损失最大时直接"腰斩"。

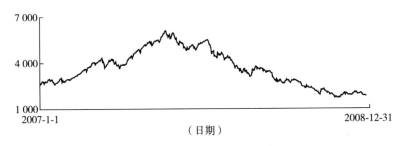

图7-4   2007—2008年上证指数走势

资料来源：万得资讯。

杀跌

因为之前投资基金的亏损，小王离开了股票基金市场很多年。

到了2018年，一次偶然的机会让小王接触到了"定投"这个概念，于是再次开始投资，采用定投的方式，每月投1000元到股票基金。2020年春节前，赚了5000多元。

然而疫情开始了，春节假期回来后，股市大跌。小王担心市场，"抢"在大跌日全部赎回。结果没过多久，市场就出现了一波反弹，如图7-5所示。小王的杀跌，导致他卖在底部，错过了之后的一轮上涨行情。

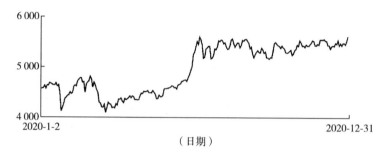

图7-5 2020年中证全指走势

资料来源：万得资讯。

后来小王通过总结失败教训，并不断学习，终于明白追涨杀跌是要不得的。他说道："投资10多年，我完美演绎了逆向操作，买基金全凭感觉和冲动。我后来能找到正确的投资方式，要感谢我之前那么多年投资失败的经历。正因为亲身实践了，我才能分辨出螺丝钉说的投资理念是正确的，我才坚定了长期投资的信心和决心。"

频繁交易

投资者亏钱的另一个原因是，频繁交易。频繁交易，说的是短期买入某只基金后很快就卖出。交易越频繁，越容易导致盈利水平低。

2021年《公募权益类基金投资者盈利洞察报告》称：每月买卖不到1次的投资者，盈利的人数占比达到55%；每月买卖10次以上的投资者，盈利人数占比只有20%~30%。一些基金销售网站，也会分布类似的数据，比如某销售平台上的热门股票基金，平均投资者持有时间长度不到3个月。

要么是遇到下跌，心里害怕，拿不住；要么是遇到上涨，赚了一点就走，也拿不住。能管住手，不频繁买卖，长期持有，收益才会更好。

之前有基金公司研究了2003—2017年所有投资A股的股票基金的数据情况。假如在上证指数3 000点以下，投入一笔资金到这些股票基金。

- 持有半年，平均收益率是17%。
- 持有1年，平均收益率是35%。
- 持有2年，平均收益率是53%。
- 持有3年，平均收益率是82%。
- 持有4年，平均收益率是106%。

可见，持有时间越长，能获得的平均收益也会越高。这是因为，买股票就是买公司。而上市公司赚钱也是需要时间的。持有2年，上市公司就通过经营，赚了2年的钱；持有5年，上市公司就通过经营，赚了5年的钱。

假设是同一批公司的话，那5年赚的钱大概率比2年赚的钱多。上市公司赚到的钱，最后也会体现在股价的上涨上，从而反映在我们投资的总收益上。

频繁交易也会增加投资者的交易成本，而交易成本的提高会减少收益。

介绍巴菲特投资理念的书《跳着踢踏舞去上班》（*Tap Dancing To Work*）中有一个统计数据：在 1998 年，财富 500 强企业辛辛苦苦为投资者赚了 3 340 亿美元的盈利，但是投资者将其中的 1/3 通过各种交易费用，拱手送给了各种金融机构。

股票交易中有以下几种费用。

- 交易佣金：买卖时各收取一次。通常是万分之三以下，不满 5 元按 5 元收取。
- 印花税：卖出的时候收取。通常是千分之一。
- 过户费：买卖时各收取一次。截至 2022 年 4 月是万分之零点一。

交易佣金和印花税，是股票交易费用的"大头"。频繁交易，意味着产生了大量的交易费用，尤其是在牛市火热阶段，投资者情绪高涨，频繁交易产生的交易佣金和印花税，甚至能超过上市公司的分红金额。最终，费用"吞噬"了大量的收益。

基金交易中，也存在交易费用，例如申购费、赎回费。每申购赎回一次基金，就会产生交易成本。如果持有基金平均时间只有 3 个月，那一年就会产生 4 次申购赎回，相关的交易费用，甚至可以达到 4% 以上。基金投资，也要避免频繁交易。

再跟大家分享另一位读者的故事。

小李一开始，跟前文中的读者小王一样，犯了追涨的错误。刚参加工作不久的他，看到 2007 年股市的火爆行情，当时身边很多亲朋好友参与其中，所以感觉在股市里面赚钱很容易。他形容当时自己的状态："什么也不懂，积蓄也不多，也没有证券账户，但是如火如荼的股市行情，让我蠢蠢欲动了。"

于是，在上证指数接近 6 000 点的时候，小李把不多的积蓄转给了父亲，让父亲代为一起操作。结果却是，所有本金亏损一半以上，"割肉"出局。

经历了股市的风险，小李开始转向基金投资。2008 年下半年，小李到银行开启了定投。他定投了两只基金，每月定投一次，分别投 500 元，共计 1 000 元。之后就不再关心涨涨跌跌，也不怎么看账户，一直持续定投。

就这样到了 2015 年，再次出现大牛市。小李说当时许多媒体都大喊 4 000 点是牛市新起点，某邻居炒股赚了 100 万元，要他赶紧参与。他身边还有不少人从那时辞职全职炒股。小李又没忍住，再次折腾自己的股票账户。结果操作一番，2015 年股票账户再次亏损，反而是没有怎么操作，一直定投的基金账户赢利了。

小李总结说："我花了很多心思去了解股票的各种消息，频繁买卖，但最终基本是白折腾。而基金定投，我几乎没有怎么花心思，只是简单地坚持，最后却获利了。"

基金投顾的诞生

追涨杀跌和频繁交易,是投资者亏钱的主要原因。那么,投资者靠自己能不能解决这个问题呢?

其实很难。即便制订好了投资计划,也很少有人能遵守。就像有句话说的,"明白了很多道理,依然过不好这一生"。长期持有是非常难的。

曾经有一位知名基金经理分享过,他的股票基金过去5年收益排在所有基金的前列,但真正能坚持持有他的基金5年以上的投资者只有0.4%。

0.4%是什么概念呢?像山东高考生,能考上985大学的比例大约是1.4%。也就是说,坚持持有股票基金达到5年以上的难度,是山东高考生考上985难度的3倍以上。

所以"挑选一只好基金,长期持有就能赚钱",这个策略的执行难度,就好比对一个学生说,只要你好好学习,就可以考上清华北大了。

长期持有这件事情,比大部分人想象的要难得多。

知易行难

在欧美投资者的家庭资产中,股票资产包括股票基金,可以占到家庭全部资产的20%~30%。并且这些家庭投资股票基金大部分是赚钱的。

这是怎么实现的呢？难道欧美投资者的投资能力都很强吗？

其实并不是，欧美投资者在投资的时候，很多也是追涨杀跌，导致出现过很多次股市泡沫。

远的有几百年前的南海泡沫，近的有 2000 年互联网泡沫。

18 世纪，发生了南海泡沫事件。当时英国投资者狂热买入南海公司股票，其股价在不到半年的时间从 100 英镑涨到了 1 000 英镑，上涨了 10 倍。短期的上涨吸引了大量的关注。越来越多的贵族和富豪参与进来，其中也包括牛顿。但公司实际经营的业绩撑不起过高的价格，3 个月之后，股价又跌回到 190 英镑。几个月暴涨 10 倍，几个月又跌去 80%，大量投资者损失惨重，牛顿也因此差点倾家荡产。牛顿当时说了一句话："我能算出天体运行的轨迹，却算不出人性的疯狂。"

2000 年，美股出现过互联网泡沫。当时纳斯达克市盈率达到百倍，甚至超过了 2007 年 A 股牛市高位的估值。之后纳斯达克指数下跌超过 80%，直到 2017 年前后，纳斯达克指数才重新回到 2000 年的位置。如果在互联网泡沫的时候买入美股，可能会被套 18 年。

欧美投资者投资股票、股票基金的时候，也容易追涨杀跌。实际上，现在大多数欧美投资者家庭是通过下面两个方式在股票基金上获得长期收益的。

养老计划

这个计划主要是通过养老第二支柱、第三支柱来配置基金。

养老有三大支柱。

第一支柱是国家负担，比如说社会养老保险。我们每个人的工资都有一部分用来缴纳五险一金，其中一部分就是社会养老保险。社会养老保险由国家统筹管理，保证全国范围的公民老有所依。

第二支柱来自企业，比如有的朋友所在的单位提供企业年金。

第三支柱来自个人，比如个人养老金账户可以投资养老保险、养老 FOF（Fund of Funds，基金中的基金）等，或者用个人的资金做好基金投资，也可以起到养老的作用。

欧美很多家庭正是通过第二支柱和第三支柱，也就是企业年金和个人养老金间接配置基金资产的。比如美国比较有代表性的401(k)计划，实际上是一个"退休前定投计划"，员工入职的时候就默认开通了。之后，通过定投的方式，每个月从上班族的收入中拿出一部分资金，投到基金等资产。这个计划的关键，是默认开通，自动定投，退休才能领取。

大部分上班族甚至都不知道自己投资了基金。这种方式的优势在于，时间横跨几十年，而且是自动定投，所以投资者感受不到短期的波动风险，不知不觉就享受了股票基金的长期收益。

基金投顾

不过，企业年金和个人养老金的方式也存在一定的不足，它们配置股票基金的比例并不高，也不能灵活选择，并且投入的资金在退休后才能取用。对于希望在家庭资产中配置更多股票基金的人来说，就不太够了。

这个需求逐渐产生了第二个让投资者在股票基金上赚钱的解决方案：基金投顾。

投资者自己买股票基金，很容易陷入"买什么、怎么买、拿不住"等问题。可是，如果有基金投顾的规划，就更容易坚持下来。在海外股票市场，大部分投资者不再自己投资基金，而是通过基金投顾来构建家庭基金组合。现在美股的基金，有70%是通过投顾来投资的。个人投资者自己买入的基金，只占基金市场的30%。

基金投顾，可以改变"基金赚钱，投资者却不赚钱"的窘境。

基金投顾的发展现状

基金投顾，其实是财富管理的一部分。财富管理是一个很大的范畴。财富管理也不仅仅是管理钱，还涉及保险、法律、健康管理等。比如说，夫妻离婚如何分割财产，离一次婚财富少一半，等于多经历一次股灾，影响不可谓不大。

只不过大多数时候，大家更关注财富的保值增值。这个过程中，基金是财富管理最主要的工具之一。从几十元到几十亿元，不同资产规模，都可以通过基金来做好配置。包括很多管理数百亿元资金的大型机构，也会投资大量基金。

财富管理在基金领域的具体形式，就是基金投顾。

哪些机构，可以做基金投顾

投顾在海外市场出现的时间比较长，提供投顾服务的机构也很多。比如基金公司、基金销售平台、券商、银行、保险公司等，都会提供投顾服务。甚至有一些机构，只做投顾服务，也被称为第三方独立投顾。

不过在国内，投顾是 2019 年才开始试点的。在试点阶段，少数机构获得了投顾牌照，开始展业。到 2022 年，主要有三类机构开展了基金投顾业务，分别是基金销售平台、公募基金公司、券商。这三类机构擅长的领域不同。

基金销售平台

基金销售平台，拥有的是基金销售牌照，可以销售公募基金、私募基金，也可以销售已经成立的基金投顾组合。

常见的基金销售平台如表 7 – 1 所示。

表 7 – 1　常见的基金销售平台

排名	基金销售平台	非货币市场公募基金保有规模（亿元）
1	蚂蚁（杭州）基金销售有限公司	12 832
2	上海天天基金销售有限公司	6 274

排名	基金销售平台	非货币市场公募基金保有规模（亿元）
3	上海基煜基金销售有限公司	2 286
4	腾安基金销售（深圳）有限公司	2 247
5	北京汇成基金销售有限公司	1 973
6	珠海盈米基金销售有限公司	1 133
7	上海好买基金销售有限公司	774
8	京东肯特瑞基金销售有限公司	689
9	浙江同花顺基金销售有限公司	415
10	北京雪球基金销售有限公司	362

资料来源：中国证券投资基金业协会，截至 2022 年 3 季度。

基金销售平台，如果又拥有基金投顾牌照，那么还可以自己做基金投顾业务，发行基金投顾组合。如果平台没有拿到基金投顾牌照，则可以销售别的投顾机构发行的基金投顾组合。

打个比方，销售平台相当于一个超市，只不过是专门卖基金这类品种的超市，超市里卖的东西是从生产厂家那里进的货。如果超市同时获得了某个商品的生产许可证，那就可以自产自销了，当然也不影响同时卖其他厂商的货。

基金销售平台的优势在于，交易方便、品种丰富。而且在线上基金销售平台申购基金的时候，费用通常会有折扣。

公募基金公司

公募基金公司，拥有的是公募牌照。这个牌照可以发行、管理公募基金。目前全国公募基金公司有 100 多家，还是相对稀缺的。不过每年也有一些新的公募基金公司成立。

公募基金公司，如果同时拥有基金投顾牌照，也是可以做基金投顾业务的。一般在公募基金公司内部，是由 FOF 部门或者财富子公司来负责基金投顾业务。

基金公司是专业的资产管理机构，优势在于投资。不过过去基金公司跟客户接触不多，服务海量客户的经验，相较另外两类机构少一些。

券商

券商，也就是证券公司。我们如果想要开一个股票账户，就需要在证券公司开立。

券商在几类金融公司中，可以做的事情更多。可以买卖场内的 ETF（Exchange Traded Fund，交易所交易基金）、股票，这是券商的主营业务。同时有基金销售牌照，可以卖基金。也有资管部门，可以发行类似公募基金的产品。如果同时拥有基金投顾牌照，就可以做基金投顾业务了。

券商目前主流的服务形态，是通过线下的营业网点为客户提供服务。最近几年，券商也逐渐开始在线上发力了。

目前可以做基金投顾业务的，主要是上述三类机构。未来也有可能会有更多的机构进入基金投顾领域。比如在海外市场，还有第三方独立投顾机构，其优势在于以中立的态度帮用户做好基金组合配置，不存在利益冲突。

管理型投顾和建议型投顾

目前来看，基金投顾有两种形态：一类是管理型投顾，另一类是建议型投顾。

管理型投顾，就是把整个投顾过程管理起来，可以实现自动调仓等功能。建议型投顾，主要是给出建议和咨询，到执行的时候，有的需要投资者自己操作。

打个比方。管理型投顾，就是住院，到点吃药打针，护士会过来执行，不会有遗漏，可以实现"自动调仓"。投资者买入投顾组合之后，资金会配置什么基金，配置多少只，每只基金配置多少比例，什么时候调仓，调仓的具体执行等，都由投顾组合来自动完成，省心省力。建议型投顾，则是拿了医生的处方开好药，自己回家吃，但有的时候，难免会忘记。而且基金投资不像吃药，吃药时大多数人还是会遵照医嘱，只不过可能会忘记。而到了投资的时候，是否按照投顾的建议来执行，最终还是投资者自己决定。有的投资者可能会有自己的想法，自行调整投顾建议的方案中的基金数量、基金品种、基金比例等，导致最后执行效果跟一开始的建议差别很大。

所以，从实际运作来看，管理型投顾可能更适合普通投资者，而建议型投顾可能更适合一些特定的场景。比如说一些投资者想要自己动手，体验投资的乐趣；或者投资者只是想听一下投资建议，选择合适的加入自己原有方案。

大家线上看到的基金投顾组合，大部分是管理型投顾，带有自动调仓等功能。主要是省心，大多数投资者都有自己的本职工作，不希望在投资上花费太多的时间精力。

如果没有特殊说明，本书所介绍的投顾组合，指的就是管理型投顾组合。

谁需要基金投顾服务

哪些投资者需要基金投顾服务呢？

参考海外市场，主要是以下三类投资者需要基金投顾服务。

第一类，是个人投资者。用基金投顾来做好家庭资产配置，可以解决"买什么、怎么买、怎么卖"等问题。

第二类，是金融机构投资者。基金投顾，可以为银行理财子公司、信托公司、保险公司、私募公司等金融机构，提供投顾服务。虽然这些公司，自己也会投资股票、债券等，但不一定擅长基金投资。基金投顾，可以为这些金融机构提供基金组合、基金池筛选、其他定制服务等。

第三类，是普通机构投资者。比如说上市公司、中小公司，只要账面上有闲置资金需要投资理财，也可以通过基金投顾来投资。很多公司，账面上的资金一直闲置，或者买入了一些有风险的资产导致出现损失。实际上，基金投顾可以满足大部分公司的投资理财需求，提高公司资金的运作效率。

哪种投顾费模式，对投资者更有利

在前面章节，我们已经了解了投资基金时会有的费用，包括认/申购费、赎回费、管理费、托管费、业绩报酬等，这些费用通常是针对单只基金来说的。

投顾组合，相当于一起买入了多只基金，做组合投资。那么对投顾组合来说，还有一项费用，就是投顾费。

不同的费用，收取的机构是不同的。比如申购费，一般是基金销售平台收取。管理费、业绩报酬，一般是基金公司收取。托管费，则是托管机构收取，比如大型银行或者券商，主要是用来保证资金的安全性。投顾费，则是投顾组合的费用。目前市面上的基金投顾组合都有投顾费，由投顾机构收取，也就是我们前面介绍过的三类机构——基金销售平台、公募基金公司、券商。

不过，投顾费也存在不同的收费模式。

一种比较常见的模式，是百分比模式。根据持有的投顾组合市值，按照百分比来收费。比如，投顾费为 0.5%/年，投入 1 万元，假设不涨不跌，那一年就是 50 元。像基金的管理费、托管费等，采用的都是百分比模式。这种模式比较容易理解。不过这种方式也有不足，就是当投入的资金量越来越大时，投顾费会相应地增多。比如投入 100 万元，一年投顾费就有 5 000 元。

另外一种是年费制，目前还不常见。年费制就是每年收取固定的一笔费用，跟投资金额无关。比如不管投资者投入多少资金，一年固定收取 500 元作为投顾费。这种方式对资金量比较大的投资者是很友好的，金额越大，越划算。比如投资 100 万元和投资 500 万元，投顾费都是 500 元。但是缺点也很明显，资金量小的时候，就不划算了。比如投资 1 万元仍然收取 500 元投顾费，就比较高了。

于是，有的投顾组合做了改进和创新，设置了"百分比 + 年费"混合模式。当投资者的资金量比较小时，按照百分比来；当投资者的资金量比较大时，按照年费来。

举个例子，一个投顾组合的投顾费设置为"资金量小时按照百分比 0.5%/年 + 资金量大时按照年费 360 元封顶"。如果一开始投资者买入了 1 万元，那么按照百分比，一年是 50 元投顾费。当投资者持续投入资金，后期资金量比较大了，如达到 10 万元，那么就按照年费封顶，一年 360 元。继续增加投入的资金，仍然是 360 元封顶，不会增加投顾费。持有投顾组合，金额越大越划算。

这种混合模式，对资金量小的投资者和资金量大的投资者，都是很友好的。不过目前这种模式非常少见。

省心省力的基金投顾，能帮助投资者做什么

投资股票基金，想要长期获得收益，用一句话总结，那就是：选出好品种，买到好价格，再加上长期持有，便能获得好收益。

基金投顾对投资者的帮助也是围绕这三点来的。

挑选好品种

基金投顾最主要的服务形态，就是投顾组合。投顾组合，在构建原理上，与第 6 章介绍的构建主动基金投资组合的方法类似。

在投顾组合中，基金池是标配。每一个投顾组合，都需要有一个基金池，基金池里的基金就是已经挑选出来的好品种。并且基金池里有什么基金，也需要展示给投资者。

这对投资者来说，就太方便了。虽然我们学习了挑选优秀基金经理的方法，但如果要把市面上的大部分基金经理研究一遍，对普通投资者来说难度非常大。而专业的基金投顾，有投顾机构的投研支持，有专业的研究工具来提高效率，还能约到基金经理进行面对面调研，能获取到的信息更全面、更及时。基金投顾把调研出来的看好的基金，都放入基金池中，投资者直接就可以获取了。

比如在笔者的公众号"银行螺丝钉"底部对话框回复"基金池"，就可以看到螺丝钉比较看好的基金经理，这些就是螺丝钉精选出来的好品种，投资者直接参考，可以节约大量时间和精力。并且这个基金池，也是会长期维护和更新的。

基金池，相当于球队里的所有球员，那具体该派哪些球员上场打球呢？

对于投顾组合的持有人来说，当前持仓的品种也是透明的。买入投顾组合之后，投资者一目了然，当下正在投资的基金有哪些。投顾组合越透明，越有利于投资者坚持下来。就像有的餐厅，把厨房搬到前面，大家透过玻璃就可以看到大厨是怎么做饭的，是不是干净卫生，有没有偷工减料等。这样吃起来，大家会更放心。

还有很重要的一点是，对于这些挑选出来的好品种，投顾组合会帮投资者自动做好分散配置。

《关于做好公开募集证券投资基金投资顾问业务试点工作的通知》针对投顾组合，有"双二十"制度。

- 单个客户持有单只基金的市值，不得高于客户账户资产净值的20%。

- 所有客户持有单只基金的份额总和不得超过该基金总份额的20%。

第一个20%，举个例子，比如投顾组合的持仓包括ABCDEF 6只基金，那么投资每一只基金的比例，都不能超过20%。假如买入投顾组合1万元，分别配置这6只基金，每只基金的投资金额都不会超过2 000元。如果是指数基金，这个比例可以放宽到30%。不过很多投顾机构，基于自己内部的风险控制，要求还是20%以内，甚至15%以内。

第二个20%，举个例子，假如一只基金总规模是1亿元，那么投顾组合持有这只基金的规模不能超过这只基金自身规模的20%，也就是2 000万元。这是为了减少流动性风险。基金没有股票里的大股东一说，但如果一只基金大部分都被某一个投资者持有，到了赎回的时候，会对基金的投资运作产生冲击。所以一个投顾组合，不能持有单只基金的比例过高。

在"双二十"制度的要求下，投顾组合会包括一篮子基金，不会只投资单只基金。当投资者买入投顾组合的时候，就会把资金分散配置到一篮子基金。

在"双二十"制度的约束下，投顾组合可以帮助投资者挑选出好品种，并做好分散配置，有助于减少波动风险，帮助投资者更好地长期持有。

提示好价格

再好的品种如果买贵了，风险也是很大的。投顾组合也是一样，需要在便宜的阶段买入。

怎么判断市场处于便宜还是贵呢？前面的章节也跟大家分享了很多可以参考的指标，其中螺丝钉星级是比较好用的一种。

螺丝钉就是大家身边的投资顾问。每个交易日，螺丝钉都会为大家提示当前的星级指标是多少。如果市场出现比较好的投资机会，例如 4~5 星级，就可以买入股票基金投顾组合。而到了市场比较贵、风险较高的阶段，例如 1~3 星级，则可以进行止盈。这样可以帮助投资者买得便宜，避免追涨杀跌。

帮助长期持有

投顾组合有自动调仓的功能，可以帮助投资者自动做好分散配置和再平衡，不错过好的投资机会，实现"1＋1＞2"的效果。

如果发现市场高估了，某只基金出现了止盈的机会，那投顾组合也可以通过自动调仓，帮助投资者止盈。

投资者只需要在一开始进行买入，后续就不用操心了，继续持有就好，其他工作都交给投顾来完成，省心省力。

在很多销售平台，投顾组合也有自动定投的功能，可以让投资者不用每次手动操作，也不会受到主观情绪的影响，以致改变原本的投资计划。

尤其是出现投资价值很高的阶段，比如5星级机会时，往往伴随着市场的大幅波动，此时投资者很难按捺住恐慌情绪，继续定投，更不用说在5星级时投入更多了。之前出现5星级的时候，有不少朋友跟螺丝钉交流说，"加仓的手都是颤抖的"。

自动定投，由机器来执行，到时间点就会投入，让投资者真正可以做到，"它强任它强，清风拂山岗；它横由它横，明月照大江。"

在投顾这两个字里，"投"是一方面，"顾"也是很重要的一方面。

螺丝钉对"顾"的理解，就是用各种方式帮助投资者，实现"好品种＋好价格＋长期持有＝好收益"。这就包括投资知识的普及，投资理念的介绍，投资策略的解读，投资品种的介绍，投资心理的分析，资产配置的规划，市场动态的传递，买入卖出的提示，投资疑问的解答等。

具体到实践层面，螺丝钉常做的有：

- 日更。自2014年以来，螺丝钉就坚持每天日更，发布最新的估值表和文章，到 2022 年已经日更了 2 000 多天，甚至结婚当天也没有中断。很多朋友也养成了每天看螺丝钉更新的习惯。未来螺丝钉也会继续做下去，陪伴投资者。

- 每日问答。在投资的过程中，投资者可能会遇到各种各样的问题，尤其是遇到市场大涨大跌的时候，螺丝钉每天都会收到几千条来自投资者的留言和咨询。此时，基金投顾及时给出解答、市场分析和讲解等，可以有效帮助投资者坚持下来。避免因为一时的恐慌而轻易卖出，或是频繁交易。

投顾和 FOF 的区别

也有朋友问过：投顾组合和 FOF 底层投资的都是基金，它们有什么区别呢？

第一个也是最主要的区别，在于形态。

FOF 的本质是产品，一种金融产品，跟股票基金、债券基金类似。只不过，股票基金投资的是股票，FOF 投资的是基金。FOF 也是未来投资的重要品种之一，特别是养老基金大部分都是 FOF。投顾的本质是服务。投资是其中的一项，也就是"投"，这部分跟FOF 比较相似。投顾的另外一项则是"顾"，也就是帮助投资者更好地投资基金，获得长期回报。投顾不限制产品，可以在 FOF 上做"顾"，也可以在股票基金、债券基金上做"顾"。

打个比方。FOF 就好比一种"药"。股票基金、债券基金、FOF，都是不同的药。投资者自己投资 FOF，跟自己投资股票基金、债券基金等是一样的，相当于自己吃药，有可能吃错药，产生反效果。投顾则是"住院护理＋药"。除了开好药，住院后，什么时候吃药、什么时候护理，都会有医生和护士帮助执行，自己不用操心。

第二个区别，在于资金归集。

投顾组合本身并没有资金归集的动作。买投顾组合，相当于买了一篮子基金，这些基金仍然是在投资者自己的账户里。比如说王大爷开了一个基金账户，买了投顾组合。投顾组合里的一篮子基金 ABCDE 等，仍然在王大爷自己名下。王大爷如果去找平台开立资产证明，会看到王大爷账户里持有一篮子的基金 ABCDE 等。但是，FOF 是一个基金产品，投资 FOF 就相当于把钱交给了 FOF 基金。基金拿到钱再去做投资。比如王大爷买了某只 FOF，如果去找平台开立资产证明，会看到王大爷账户里持有的是这只 FOF。

第三个区别，在于信息披露。

投顾组合的持有人，通常可以看到底层投资的基金品种和每只基金的占比。这个信息是透明的。FOF，信息披露跟一般的股票基金类似，每季度发布基金季报，披露基金的前十大持仓品种，但通常不会有更透明的持仓信息，更新频率也比投顾组合要慢。

基金投顾的未来

基金，并不是一开始就普及的，最早的时候很多投资者不了解基金是什么。以前投资者对波动风险比较在意，希望投资的品种波动小。所以最先开始普及的是货币基金。货币基金本身很少会下跌，2013—2014年货币基金的年化收益率甚至达到6%~7%，还是很有吸引力的。

所以当时货币基金变成线上交易，解决了开户的麻烦，规模很快就起来了，从最初规模很小迅速发展到上万亿元的规模。

不过随着利率的降低，货币基金的吸引力开始下降。最近几年，货币基金规模的增长就大幅放缓了。

图7-6就是2012—2021年A股货币基金的发展情况。

图7-6　A股货币基金发展情况

资料来源：万得资讯。

接着，股票基金（包括指数基金和主动基金）、债券基金等开始崛起。基金数量迅速增多。挑选基金，以及配置一篮子基金来分散风险的需求也就多了起来，于是，基金投顾出现了。

未来，基金行业会怎么发展呢？我们可以参考海外市场基金行业的发展历程。

基金行业在美股市场发展的时间比较长，其中有一些演化的规律。美股市场的基金，主要经历了以下三个阶段。

- 炒股不如买基金，主动基金崛起。
- 基金数量多，投顾帮助配置。
- 投顾，推动指数基金发展。

炒股不如买基金，主动基金崛起

美股最早的时候也是投资者自己买股票。但是随着注册制①的推进，美股的股票数量越来越多，挑选难度大大增加。散户自己买股票并没有太大的优势，毕竟选股需要的时间精力更多了。而且散户很难有信息优势。专业投资机构可以获取更详细、更真实的公司情况，由专业机构选股，平均收益更高。

投资者发现，炒股不如买基金。于是，在二十世纪八九十年代，美股的股票基金规模开始飞速增长，特别是以明星基金为代表的主动基金。

这个过程中有一个标志性的人物，就是彼得·林奇。他管理的基金规模，从 1977 年的 2 000 万美元，增长到 1990 年的 140 亿美元，按照 1990 年的购买力折算到现在，相当于数千亿元。基金投资人数超过 100 万人。彼得·林奇一度成为全世界管理规模最大的基金经理。

A 股最近几年也是处于这个阶段，股票基金的规模飞速增长。

---

① 注册制，顾名思义就是完成注册流程就可以上市。注册制会让上市公司的数量大大增加。

头部的明星基金经理甚至一个人管理上千亿元规模，只是影响力暂时还没有当年的彼得·林奇那么高。

基金数量多，投顾帮助配置

当股票基金数量多了之后，投资者又发现，自己配置股票基金不如让专业的基金投顾来帮忙配置。

大多数投资者投资股票基金，是在牛市高位的时候买入，而且靠自己很难拿得住基金，追涨杀跌、频繁交易的现象比较严重。而且很多投资者喜欢看排行榜，买短期涨得好的品种，一不小心就重仓了，后面遇到市场波动的时候就会比较难受。

于是，20世纪90年代之后，基金投顾开始兴起，可以帮助投资者买得便宜，做好分散配置，长期持有，陪伴投资者度过熊市和牛市。

现在美股的基金，有70%是通过投顾来投资的，个人投资者自己买入的基金只占基金规模的30%，越来越少了。

美股的投顾规模，已经超过了单个明星基金经理的规模，成为主力。管理规模最大的投顾组合，甚至达到了上万亿美元。像嘉信理财、先锋领航等，都是投顾领域里的知名公司。

这体现了，专业的人做专业的事。这也是螺丝钉现在努力在做的事情，希望能改变"基金赚钱，投资者却不赚钱"的窘境。

在A股市场，基金投顾处于起步阶段，投顾新规于2021年11月出台。未来，正是发展的好时机，有望发展到万亿元规模。

也有朋友问：如果投顾的数量也有成百上千，那投顾岂不是也很难挑选，到时候会不会出现"投顾的投顾"，变成无限"套娃"？

不会的。参考美股基金市场，当投顾的数量越来越多之后，投顾彼此之间也会竞争，最后获得超额收益的难度也会逐渐增加。

我们接着看美股的投顾规模大了之后的发展情况。

投顾，推动指数基金发展

当投顾越来越多、投顾规模越来越大的时候，指数基金逐渐兴起了。

这是因为，投顾组合底层需要好基金的支持。但是市场上，好基金的数量是有限的。如果一位基金经理表现良好，那么很快会被各个投顾发掘，基金经理的管理规模也会迅速变大。而规模变大后，基金经理的业绩往往没有之前规模小的时候亮眼，跑赢指数的难度也会越来越大。于是最后，投顾组合就干脆配置一部分指数基金，从而带动指数基金的规模逐渐变大。

在 2019 年前后，美股的指数基金规模，首次超过了主动基金的规模。当前美股的投顾组合中，主动基金仍然占据不小的比例，只是指数基金的占比比主动基金更高了。

以上是美股基金行业发展的过程，并不是短期就做到的，而是循序渐进，用了大约 40 年的时间。

A 股目前处于大约第一阶段的中后期，股票基金规模高速增长、明星基金经理崛起、基金投顾刚刚起步。

不过得益于移动互联网等的普及，相信 A 股的基金发展会比美股更快一些，美股花了 40 多年走完的路，我们可能只需要一半的时间。

这是一个最好的时代。

投资者笔记

- 基金投顾，顾名思义，就是基金的投资顾问。基金投顾的作用主要是帮助投资者挑选好品种，提示好价格，帮助长期持有。

- "基金赚钱，投资者却不赚钱"，是一个普遍存在的现象，原因主要在于投资者追涨杀跌和频繁交易。

- 要改变追涨杀跌和频繁交易，投资者靠自己是很难做到的。美股投资者有两个方式来提高收益：一是靠养老计划，二是靠基金投顾。

- 好品种 + 好价格 + 长期持有 = 好收益。

- 投顾和 FOF，前者是服务，后者是产品，这是它们之间最主要的区别。

- 从主动基金崛起，到投顾帮助投资者配置，再到指数基金逆袭，美股一共用了 40 多年的时间。A 股基金行业，发展空间很大。

第 8 章

如何用投顾组合，做好家庭资产配置

投资基金，其实并没有特别复杂的地方，只要做好这三件事：

选好品种、买得便宜、长期持有。

任凭市场涨跌，我们要做的，一直都是这些简单但靠谱的事情。

螺丝钉会陪伴大家，把这些简单的事情做到极致。

——银行螺丝钉

通过基金投顾组合来打理家庭资产，是比较省心省力的。具体该怎么做呢？

方法很简单，规划手里的钱，存量资金按照"100 - 年龄"来配置，增量资金做定投。

通常来说，我们手里的钱可以分为两部分：存量资金、增量资金。存量资金，说的是我们家庭中已经有的资金，比如过去这些年的积蓄。增量资金，则是新增收入，如工资，是未来会拿到的钱。

对不同的家庭来说，这两类资金的占比不同。如果刚工作不久，通常没有太多存量资金，但未来的新增收入会比较多，并且如果工作努力，薪水还能往上涨。如果已经退休，那家里的存量资金比较多，增量收入如退休金，对家庭总资产的影响就不太大了。两部分资金都需要打理。

存量资金：100 - 年龄

存量资金的资产配置，通常有两种策略：一种是目标风险策略，另一种是目标生命周期策略。

首先，我们来看目标风险策略。有的投资者风险偏好比较稳定，也能长期接受一定的风险，就可以设置一个固定的比例，来配置股票资产和债券资产（见图 8 - 1）。例如，股债比例为 50∶50，即股票资产和债券资产各配置一半，长期保持固定比例。此外，还有一些经典的比例，比如 80∶20、70∶30、60∶40 等。股票比例越高，长期收益和风险越大。

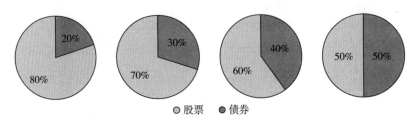

图 8 - 1　几种经典的股债比例

随着股市涨跌，配置好的资产比例会发生变化。可以通过定期再平衡，或当股债比例偏离较大时再平衡等方式，让股债恢复初始比例，达到"低买高卖"的效果。

接下来，我们来看目标生命周期策略。根据"100 - 年龄"，来分配股票资产和债券资产的比例。例如年龄为 40 岁，就可以分配 60% 的资金到股票基金，分配 40% 的资金到债券基金。要注意的是，参与分配的资金，得是至少 3 ~ 5 年不用的钱。

年轻时，资金量虽小，但抗风险的能力较强，可以配置更高比例的股票资产；年龄变大后，抗风险能力变弱，需要配置更高比例的稳健资产。不过通常到了 70 岁之后，股票比例就不再继续下降了。也就是说，家庭资产至少保持30%的股票资产，是比较合适的。目标生命周期策略如图8-2所示。

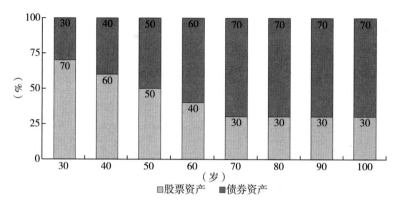

图8-2　目标生命周期策略

螺丝钉个人更喜欢目标生命周期策略。很多养老FOF，使用的也是目标生命周期策略。

目标风险策略虽然也不错，但需要先了解自己的风险偏好。很多投资者，特别是新手投资者，是无法准确判断自己的风险偏好的。

人往往过度自信。心理学里就有一个经典案例：大部分司机，都认为自己的驾驶水平超过平均值。这种现象也出现在了投资领域。之前有机构调查发现：超过九成的人，认为自己的金融知识水平高于或等于同龄人的平均水平。

所以投资者需要真正经历过市场波动，积累一定的市场经验之后，才能对自己的风险承受能力有更正确的认识。而目标生命周期策略，参考的因素是年龄，很容易得出资产配置比例，所以这个策略更适合普通投资者。

读到这里，大家可以按照自己的年龄，计算可以配置多少比例的股票基金和债券基金。接下来，就可以按照"好品种 + 好价格"的方法来进行投资。

好品种

挑选自己认可的股票基金投顾组合、债券基金投顾组合。因为投顾组合会帮助做好分散配置、自动调仓再平衡等，所以投资者只需要看投顾组合的策略自己是否认可。

好价格

对于股票基金来说，需要等待市场进入便宜的阶段，或者螺丝钉星级进入 4 ~ 5 星级时，再开始配置。

也有朋友问：这样一笔资金配置好了之后，将来怎么取用呢？

取用资金，可以优先从债券基金里进行取用。然后每隔 5 ~ 10 年，根据年龄的变化或者市场估值，重新分配股票基金和债券基金的比例。

增量资金：定投

增量资金的投资，一般采用定投的方式。

定投跟工资现金流非常契合。其实，很多上班族已经在实践定投了：每个月发工资，有一部分就是用定投的方式，投入五险一金。

以前有种储蓄方法叫"零存整取"。定投，有点类似这种储蓄，只不过是零存到基金上。市场便宜时定投，等市场比较贵的时候止盈。

上班族，每个月要拿出多少钱来定投呢

对大多数人来说，新增收入不可能100%用来投资的，毕竟生活也要花钱。

之前有一个调研报告显示，对一般投资者来说，新增收入的20%用来定投，是比较正常的比例。每个月工资到手，先拿出20%用来定投，剩下的再用来花，这样避免自己管不住手成为"月光族"。定投的这部分资金，需要做好至少3~5年不用的准备。

当然也有"狠人"。例如巴菲特的师兄——全球投资大师邓普顿。年轻的时候，邓普顿和他的妻子，会把50%的收入省下来用来投资。

在螺丝钉另一本书《定投十年财务自由》里给大家介绍过一对夫妻，也是省钱高手，他们能节约下50%的资金用来投资，积累资产，一共用了10年的时间就实现了财务自由，达成了他们40岁前退休的目标，开始环游世界。

省出的投资资金占全部收入的比例叫作"储蓄率"。只不过没

有投资能力的人，会直接储蓄；有投资能力的人，可以投资股票基金等长期收益更高的资产。

像上文两个例子中的比例50%有点高，可能会影响生活质量。通常来说，20%就算不错的比例了。

定投什么品种呢

股票基金波动比较大，长期收益较高，更适合使用定投的策略。只不过，定投也需要选择低估区域。

如果市场处于4~5星级便宜的阶段，可以定投股票基金投顾组合。当然这部分资金也需要至少3~5年不用。

如果市场比较贵，进入1~3星级，则可以暂时定投债券基金投顾组合。等到之后出现4~5星级机会时，再投资股票基金投顾组合。

按周、按月定投有区别吗

经常有朋友咨询定投的频率，是按周还是按月定投好。

定投，也就是定期投资。不过定投频率有很多选择，有人按日、有人按周、有人按月，还有人随心所欲。按日太频繁，按周或按月就好。

假设每个月定投的资金量差不多，那么这两种哪个更合适呢？

可以回测一下按周定投或者按月定投的收益率差距。一般定投时间越短，按周和按月收益率差距就越大。因为定投的时候如果赶上大跌或者大涨，就会对定投成本价产生很大影响。定投时间越短，造成的影响越大。但是定投时间越长，两者差距就会越小，定投5~7年时两者差距不到1%，几乎可以忽略。所以从收益率角度，定投频率影响不大。

不过从心理角度，这两种定投方式还是不一样的。按月定投比较贴合大多数人的收入现金流，每个月发工资后就买入，到下一次定投的时候再来一遍。这种方式比较省心省力。不过有的投资者对下跌比较敏感，看到下跌就想多加仓，很难等一个月之后再定投。这种投资者可以按周定投。每周买一次，即使性子比较急的投资者，等一周应该问题不大。这也是按周定投的好处。

如何知道自己是不是急性子呢？

其实判断方法很简单：定投之后，看到下跌就买买买，导致下一次定投的资金被提前用完。如果有这样的情况，最好提高定投频率，按周定投。如果每月投完后心安理得，就可以按月定投。

不建议根据自己的感觉来确定买入基金的时间。主观的感觉很容易受到市场波动的影响，遇到大跌或者大涨的时候，很容易就不敢投或者提前买入过多。这样效果不一定好。

而且从心理学的角度，人们对于同样数量的损失和盈利的感受是不一样的，损失带来的痛苦是盈利带来的喜悦的2~2.5倍。换句话说，从情感上，赚200元得到的喜悦，才抵得上亏损100元带来的痛苦。有这种影响在，主观判断很容易不知不觉受到影响。所以最好是定期投资，而不是凭感觉来决定买入时机。

手把手教你打理好家庭资产

接下来我们以一个具体案例来讲讲如何做家庭资产配置。

三步帮你做好家庭资产配置

王先生今年40岁，有20万元的长期不用的存款，每个月还有2万元的工资收入。如果持有现金，是跑不赢通货膨胀的，那他怎么打理好手上这些钱呢？

按照上面介绍的方法，可以分为三个步骤。

第一，规划手里的钱。存量资金20万元，增量资金每月2万元。

第二，存量资金按照"100 – 年龄"来配置。年龄为40岁，所以分配40%的资金到债券基金，即8万元；分配60%的资金到股票基金，即12万元。8万元，一次性买入债券基金投顾组合；12万元，等待市场4 ~ 5星级，投入股票基金投顾组合。

如果投资经验比较丰富，可以在市场处于4 ~ 5星级的时候，一次性投入。如果投资经验不多，担心市场的波动风险，那么在4 ~ 5星级分批投入会更稳妥。也就是说，每周投入6 000元，20周就可以完成配置。

第三，增量资金定投。可以拿出每个月工资收入的20%，也就是4 000元，来进行定投。当然，具体的比例因人而异，如果能存下更多的钱，也可以提高比例。在 4 ~ 5 星级定投股票基金投顾组合，1 ~ 3 星级定投债券基金投顾组合。

具体如图 8 - 3 所示。

另外，每周二晚上，笔者的公众号"银行螺丝钉"都有定投实盘的展示，大家投资时可以参考。

还有一个小技巧。在投资之前，最好将自己的投资计划，写在纸上，而不是凭感觉投资。主观的感觉，很容易犯错。列在纸上的投资计划，更容易坚持下来。

何时止盈

按照以上三步配置好之后，股票基金怎么止盈呢？

通常到达 3 星级的时候，可以考虑止盈。因为在 4 ~ 5 星级阶段，按照"100 - 年龄"的方式配置好股债比例后，随着市场上涨到 3 星级，那么股票资产部分的涨幅会比债券资产更高一些，股票资产的占比就提高了。此时可以止盈一部分股票资产，降低股票资产的占比，让股债配置重新回到初始比例。

如果市场继续上涨，到达 2 星级，则可以进一步降低股票资产的比例，例如降到 30% 左右。如果市场达到 1 星级泡沫阶段，就可以全部止盈。

也有朋友问：3 星级的时候如果不全部止盈，会不会市场又跌回去了，坐了"过山车"呢？

从长期投资的角度来说，坐"过山车"，基本上是每个投资者

年龄40岁　　　20万元存款长期不用　　　每月2万元工资收入

① 规划手里的钱

存量资金20万元　　　　　　　　　　　增量资金2万元/月

② 存量资金按照"100-年龄"来配置

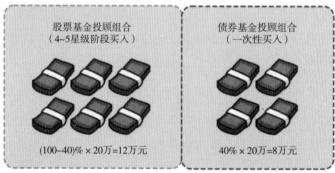

股票基金投顾组合
（4~5星级阶段买入）

债券基金投顾组合
（一次性买入）

(100-40)%×20万=12万元　　　　40%×20万=8万元

③ 增量资金定投

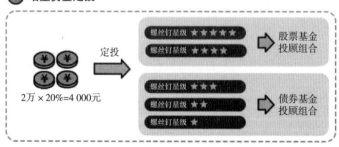

定投

2万×20%=4 000元

螺丝钉星级 ★★★★★
螺丝钉星级 ★★★★　　→　股票基金
　　　　　　　　　　　　　　投顾组合

螺丝钉星级 ★★★
螺丝钉星级 ★★　　→　债券基金
螺丝钉星级 ★　　　　　　投顾组合

图8-3　三步配置家庭资产示意

的必修课。因为市场经常会有波动，有的时候波动大一些，有的时候波动小一些。如果不想坐"过山车"，要能够精准预测每次市场涨跌才行。但没有人能做到这一点，否则早就是世界首富了。就连巴菲特也有坐"过山车"的经历，2020年3月美股大跌，他还是选择了持有大部分股票。

"过山车"并不可怕。买得便宜，加上上市公司的盈利增长，可以保护我们获得一个基本的收益。这个收益仍然可以超过大部分其他理财品种。

在这个基础上，每隔好几年出现的大牛市会让我们再赚到一些投资者贪婪情绪下的收益。

其实，到了牛市，想要赚到全部收益也很难，获得大部分收益就可以了。

君子不立危墙之下。进入牛市后期，例如2星级、1星级，市场短期可能还会大涨20%～30%，但这时需要承担比较大的风险，例如50%以上的"腰斩"风险。

我们买不到最低点，也卖不到最高点，能获得中间的大部分收益就不错了。并且到了牛市后期，会出现一些专属于牛市后期的投资机会，止盈后的现金也可以投资这些机会，所以没必要冒风险。

常见的资产配置策略

总结一下，为什么要做资产配置？原因就在于，不同的资产并不是同涨同跌的。

我们平时能接触到的资产大类，主要有股票、债券、房地产、商品等，股票和债券是普通投资者最常接触到的。每一种资产大类，长期都会有一定的收益率，不同的资产大类，牛熊市的涨跌并不同步。这样分散资金到不同资产大类上，长期持有，每一类资产都可以拿到平均年化收益率。并且因为涨跌不同步，总资产遇到的波动也不会太大，一举多得。所以，投资领域也有一句话：长期投资，90%的收益来自资产配置。

当然，资产配置策略不仅仅是目标风险和目标生命周期两种，常见的还有以下策略。

- 注重本金安全性的 CPPI（Constant Proprotion Portfolio Insurance，固定比例组合保险）策略：大部分资金配置安全性高的资产，少部分配置高收益、高风险的资产，放大收益。安全性高的资产产生的现金流，可以覆盖高风险资产的波动。
- 全天候策略：也被称为"风险平价策略"，同时配置多种不同资产，不同资产的涨跌不同步，可以互相抵消波动，让整个组合更稳定。
- 大类资产配置策略：同时配置多种不同的、可以产生现金流的资产，如股票、债券、房地产、林地、股权等。不同资产涨跌不同步，但都可以贡献现金流。

不同策略，可以满足投资者不同的需求。不过，投资门槛会有区别。例如，大类资产配置策略中的股权投资通常门槛较高，适合大资金的投资者，以机构投资者为主。像一些高校捐赠基金，会使用这个策略。

螺丝钉之前翻译的《耐心的资本》一书，就介绍了拥有庞大资金的富豪、机构是如何做资产配置的。其中的案例，对我们普通投资者家庭来说，也有借鉴意义，感兴趣的朋友可以读读这本书。

不过从实际使用范围来看，目标风险、目标生命周期是使用更广泛的资产配置策略，也比较适合普通投资者。

简单易懂的基金交易操作

在具体实践中，可能还有朋友不太了解操作步骤，这里也简单为大家介绍一下基金的交易操作。

常用的交易基金的渠道有两种：场内渠道和场外渠道。

这里的"场"，指的是证券交易所。场内，意味着在证券交易所里进行交易。场外，意味着在证券交易所之外的地方进行交易。过去，网络没有这么发达，场内交易是真的要去证券交易大厅里进行操作的，或者是打电话给交易所里的交易员，让他们进行操作；而场外交易，一般是去银行进行操作。

如今，无论是场内交易，还是场外交易，都可以在网络上进行操作，足不出户就可以完成投资了。

应该选择场内还是场外，来进行基金交易呢？其实两者都是可以的。只需要掌握好各自常用的交易规则即可，如表8-1所示。

对新手来说，可以先从场外交易开始。场外交易相对更容易掌握，并且对于主动基金，目前场外的数量比场内要多。

表 8-1　场内基金和场外基金交易规则

	场内基金	场外基金
交易时间	周一到周五（法定节假日除外）9：30~11：30，13：00~15：00	不限时间，可随时操作
交易方式	买入、卖出申购、赎回	申购、赎回
交易规则	买入和卖出方式下，采用撮合交易；买卖双方出价一致即可实时成交；申购和赎回方式下，同场外基金规则	未知价交易：按基金净值成交，一个交易日只有一个基金净值；在交易日当天下午 15：00 之前进行申购/赎回，统一按当天净值成交。超过下午 15：00 则按照下一个交易日净值成交
基金数量	数量相对较少	数量相对较多
省心程度	手动买卖	可设置由系统自动扣款定投

场内投资步骤

这里以场内"买入和卖出"方式为例。

第一步：在证券公司进行开户。选择一家较大的证券公司，按照开户流程开户，通常需要准备的材料是身份证和银行卡。安装证券公司的交易 App（应用软件），使用已经开户的账号登录。

第二步：进行银证转账。也就是把银行卡里的资金转入证券账户。

第三步：在 App 上搜索自己想要买入的基金代码，点击进入后，输入自己想要购买的基金份额，以及想要以什么价格来购买。可购买的基金份额数，通常取决于证券账户中的可用资金。以什么价格来购买，通常页面上会显示从"卖一"到"卖五"的出价，也就是此时正有别的投资者想要以这些价格进行卖出，选择"卖一"的价格就好。

第四步：买入后，还需要查看是否已成交，可以在委托单里查看。如果显示"已成交"说明买入成功。如果一直无法成交，则可以撤单，再挑选其他价格来买入。

卖出的步骤也是类似的。

场外投资步骤

第一步：在场外基金销售平台进行开户。选择一家较大的场外基金销售平台，按照开户流程开户，通常需要准备的材料是身份证和银行卡。安装基金销售平台的交易 App，使用已经开户的账号登录。

第二步：在 App 上搜索自己想要申购的基金代码，直接输入想要申购的金额即可。如果是赎回，则输入想要赎回的基金份额即可。

可以看到，场外投资步骤更简单一些。对于基金投顾组合来说，目前大多数都是场外基金交易。以某投顾组合为例，来展示一下具体操作步骤。如图 8 - 4 至图 8 - 7 所示。

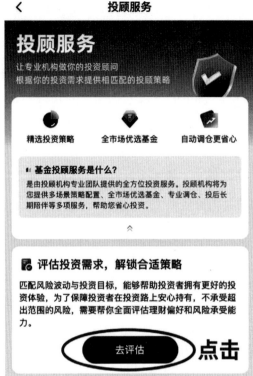

图 8-4 初次购买投顾组合需完成评估问卷

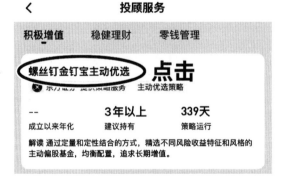

图 8-5 选择想购买的投顾组合，点击进入

图 8-6　点击立即转入，初次购买须阅读并签署相关文件

　　场外基金的赎回操作也类似，不再赘述。

　　场外基金是按照交易日的基金净值成交的。例如，在 2022 年 6 月 6 日星期一的 15：00 之前进行申购，都会统一按照 6 月 6 日的基金净值成交。通常在下一个交易日，也就是 6 月 7 日的 15：00 之后会收到确认通知，看到交易成功。

图 8-7 选择支付方式，输入购买金额

如果是在 6 月 6 日的 18：00 进行申购，则等于在 6 月 7 日的 15：00 之前进行申购，会按照 6 月 7 日的基金净值成交。然后在下一个交易日，也就是 6 月 8 日的 15：00 之后会收到确认通知，看到交易成功。

如果是在周六日或者节假日期间进行申购呢？

会按照周六日或节假日结束后的下一个交易日的基金净值成交。

更详细的交易操作步骤，读者也可以在笔者的公众号"银行螺丝钉"底部菜单栏获取。

投资者笔记

- 家庭资产主要有两类资金：存量资金和增量资金。存量资金是家庭中已经有的资金，增量资金则是新增收入，这两份资金，都需要打理。

- 存量资金，可以用目标生命周期策略，用"100 – 年龄"的方式，来分配股票资产和债券资产的比例。其中，债券资产可以一次性买入债券基金投顾组合，股票资产则可以在市场 4 ~ 5 星级阶段投入股票基金投顾组合。

- 增量资金，可以做定投，例如将每月收入的 20% 左右，在市场 4 ~ 5 星级时定投股票基金投顾组合。

第 9 章

如何优化
你的投资行为

趋利避害，追涨杀跌，是人性使然。但投资往往是逆人性的。在投资时，克服人性的弱点是最重要，也是最难做到的。

——银行螺丝钉

螺丝钉常说一句话："制定投资策略其实不难，难的是坚持。"为什么"坚持"这么难呢？

其实不管做什么，难都难在坚持上。我们的行为会受到很多因素的影响，尤其是心理因素，有时候情绪来了，规则和计划可能都会被打乱。人是很容易受到自己心理因素影响的，并不是完全理性的。比如说，牛市的时候投资者往往开户数量大增，并且追涨杀跌比较严重。大多数投资者投资股票基金，持有基金时间只有 3 个月左右。

人的行为，还具有一致性。比如一个没有生活规划的人，每个月收到工资就即时享乐，存不下钱，那在基金投资中，大概率也比较难坚持长期投资，亏损的概率也会更大。反过来，如果是一个经常记账、收入开销规划得井井有条的人，则更容易做到在股票基金上坚持长期投资。

我们都不是完人。但是认识到自己哪里有不完善的地方，我们就可以有意识地去自我优化，或者让自己做出更正确的行为。比如，发现自己无法坚持长期投资，就使用一些窍门来帮助自己坚持下来。找到了改进的方向，我们就可以做更好的自己。

螺丝钉平时有日更的习惯。在过去几千个交易日，每天更新，与投资者分享投资知识，交流投资经验。也会有投资者给螺丝钉留言，反馈自己的投资困惑。例如买了基金拿不住，遇到下跌担心，遇到大涨兴奋……我也都会针对投资者当时的心理状态，给出解读和应对方法。

本章整理了一系列关于投资理念和投资者行为的内容，这都是在多年跟投资者交流的过程中总结出的心得，希望能为大家带来一些帮助和启发。

在别人恐慌时贪婪，在别人贪婪时恐慌

记得以前有一次熊市，螺丝钉在做线下活动。活动结束后，有两个朋友来找螺丝钉，问的问题都跟熊市有关系，但两个人的问题截然相反。

- 现在市场跌了这么多，有点害怕，感觉拿不住怎么办？
- 现在市场跌了这么多，感觉机会很好，要不要拿出更多的钱投进去？

同样的市场行情，为什么两个投资者的心理状态完全不同呢？

这是因为不同的人风险偏好不同，投资经验也不同，得出的结论自然也有很大区别。比如有的人已经经历过一轮完整的"熊市定

投—牛市止盈"了,那再次遇到熊市低估的时候,自然会想要继续投入。而有的投资者刚开始投资就遇到下跌,账面浮亏,就非常难受。每次熊市持续时间长一些,类似的言论就会越来越多。

以前螺丝钉还做过一个很经典的问答游戏,可以量化不同人的风险偏好。

这个游戏是这样的。拿出一张纸,针对下面两个问题,在纸上写下自己的答案。

- 问题1:你的朋友开了一家公司,这家公司每年稳定赢利100万元。你愿意出多少钱,把这个公司买下来呢?
- 问题2:现在这个公司,你已经买下来了,还是每年稳定赢利100万元。现在有另一个朋友,打算买下这个公司,你愿意多少钱卖给他呢?

现在,把你答案里的这两个数字相加,再除以2,就是你给这家公司估算的市值了。再把这个数字除以100万元,就是你给这家公司的市盈率了。

这个游戏,螺丝钉曾向上千位朋友调研过,结果如图9-1所示。

从图9-1可以看出大部分朋友给出的数字,在800万~1 500万元。也就是说,一家赢利100万元的公司,大部分朋友给它的估值是800万~1 500万元。这家公司的市盈率在8~15倍。

当然,也有特别乐观的朋友出价3 000万元,或者特别悲观的

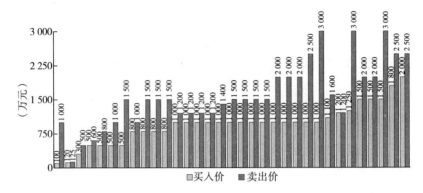

图 9-1　买入价与卖出价统计结果

朋友出价低至 100 万元。不过 800 万～1500 万元，是有效的出价。

有效的出价，是指对应的价格，同时有人愿意买、愿意卖，这样才能成交。如果卖出开价 3 000 万元，但没有人买，那也没有意义。

这也就是我们平时说的，市场整体的平均市盈率了。事实上，上市公司的长期平均市盈率，比这个数字略高一些。因为达到上市条件的公司，往往规模更大，行业领先地位更强，上市多了融资渠道，对公司未来发展也更有利。像 A 股市场整体，平均市盈率在 15～18 倍。

但这是平均值。放在平时，市场的估值波动变化会非常大。乐观的投资者，出价往往高一些；悲观的投资者，出价往往低一些。市场估值，就是在这些不同风险偏好的投资者之间，互相交易出来的。

有的时候遇到市场低迷，投资者整体情绪悲观，给公司的出价格也会较低，估值就会偏向较低的这一端。反过来，有的时候市场景气，投资者整体乐观，给公司的出价也会更高。甚至在牛市的时候，愿意给公司出价 100 倍市盈率。也就是用 1 亿元，去买一家一年盈利 100 万元的公司。

看起来像天方夜谭，但历史上是真实出现过的。比如 17 世纪出现的荷兰"郁金香泡沫"，当时一朵花的价格跟最繁华市中心的一栋别墅价格差不多。再比如代表 A 股小盘股的中证 1000 指数，在 2015 年 6 月最高位的时候，市盈率达到了 145 倍。

投资者的情绪，可能会因为一个消息而发生短期变化，也就出现了我们现在看到的市场短期涨跌。很多时候，熊市大跌和牛市大涨，都是投资者不理性的恐慌和贪婪推动出来的。我们要避免恐慌和贪婪的情绪影响我们的投资行为。比如在熊市，如果因为害怕之后还会下跌，就卖出手中的基金，没有坚持下来，是比较可惜的。

买股票就是买公司，基金是一篮子股票，买基金就是买入一篮子公司。只要背后的公司盈利是长期上涨的，股价也一定会涨回来，所以没必要在短期下跌的时候因恐慌而低位卖出。反之，当市场火热时也要小心，别因为贪婪的情绪而追涨。

投资是逆人性的。在别人恐慌时贪婪，在别人贪婪时恐慌。

市场先生，别理他

格雷厄姆把波动的市场，比作一位喜怒无常的"市场先生"，这是很形象的比喻。

市场先生是狂躁的、精力旺盛的、喜怒无常的。他每天的工作，就是跑过来给你报价。有的时候他非常乐观，给你报一个很高的价格；有的时候他非常悲观，给你报一个非常低的价格。

虽然市场先生是一个虚构出来的角色，但是到了真正投资的时候，特别在市场大涨大跌的时候，往往会出现一些非常有名的人，他们会充当市场先生的角色。比如，市场上涨的时候，有些券商、基金经理站出来说，"4 000 点是牛市新起点"。

如果我们能清楚地明白，市场先生报价，我们并不需要立马行动，就能避免很多冲动的追涨杀跌行为。

真正有一定心理素质，或者说有投资经验的人，是不太会被市场先生影响的。他们有自己的一套投资体系，坚持自己的原则。

- 在市场先生报价很低，价格远低于价值的时候，买入。
- 在市场先生报价很高，价格远高于价值的时候，卖出。
- 其他时间，不用理会市场先生。

这说起来容易，做起来难。参考螺丝钉星级和估值指标，可以帮助我们避开市场先生的影响。

螺丝钉星级和估值指标，是客观、冰冷的数字指标，是多少就是多少。参考它们进行投资，有一个可以量化的标准，能帮助我们克服人性的弱点，也避免被市场先生影响。比如，在 4～5 星级、比较便宜的时候适合投资主动基金。明白了这一点，就不太容易被市场先生的短期报价所影响了。

另外，虽然市场先生的报价，短期有涨有跌，但时间拉长后，还是向上走的。我们看中证全指，它代表了 A 股全部上市公司的整体情况。通过历史走势，会发现这个指数是长期上涨的，如第 1 章的图 1－15 所示。

短期的波动，主要是估值的变化带来的。而时间拉长了，背后公司的盈利长期上涨了，也会推动净值上涨。所以，同样是 5 星级的熊市底部，大概率也会高于几年前的 5 星级位置，如图 9－2 所示。

例如：

- 2012—2014 年，A 股 5 星级，中证全指在 2 700 点上下。
- 2018 年年底，A 股 5 星级，中证全指在 3 400 点上下。
- 2022 年，A 股 5 星级，中证全指在 4 800 点上下。

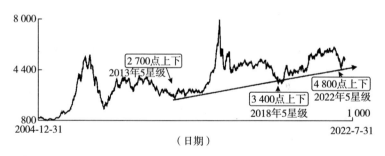

图 9－2　中证全指不同位置 5 星级情况

资料来源：万得资讯。

那背后公司的盈利增长速度有多快呢？

宽基指数，例如中证全指、沪深 300、中证 500，平均每年

10%左右。一些优秀的主动基金，比如通过前面章节介绍的方法来挑选基金经理，优秀的基金经理能挑选出更好的公司，基金重仓股的平均盈利能力要更高一些，可以到13%~14%。

只要低估买入，即便没有遇到牛市，长期持有下来，收益大概率也是不错的。这是我们长期投资可以拿到的基础收益。

欧洲"股神"安德烈·科斯托拉尼有一个经典比喻：小狗和主人。

盈利是主人，股价是小狗。小狗围绕主人上蹿下跳，一会跑到主人前面，一会跑到主人后面。如果主人前进1 000米，小狗也会跟着前进1 000米。

所以，上市公司的盈利持续增长，是我们长期投资赢利的底气，而不用去预测短期是涨还是跌。只要盈利在增长，那么熊市买入的股票基金，未来也会涨起来。牛市小狗已经跑到主人前面了，就不要再追涨了。

明白了这一点之后，我们就不用担心投资股票基金的长期收益情况。

买得便宜、长期持有的情况下：

- 如果牛市没来，可以拿到企业盈利增长的收益，是市场先生给的"基础工资"。
- 在这个基础上，如果牛市来了，收益还会更高。除了赚到企业的盈利，也会赚到牛市狂热上涨的收益。这来自一些投资者的贪婪情绪，可以看作市场先生给的"额外奖金"。

频繁看账户这个习惯，该改改了

有朋友问螺丝钉：在投资基金的时候，看到浮亏心里难受，该怎么办？

其实这是正常的情况。人在衡量收益和损失的时候，心理感受是不同的，有一个专业术语来描述这种心理：损失厌恶。

这也是人的本性。比如对小孩子说"你再不听话，就不让你玩玩具"的效果，会比"你听话，就让你玩玩具"好一些。

投资者面对同样数量的损失和盈利，感受是不一样的。前面已经介绍过，损失带来的痛苦是盈利带来的喜悦的 2 ~ 2.5 倍。换句话说，损失带来的痛苦远大于盈利带来的喜悦。比如，熊市里亏损了 1 万元，需要在牛市里赚 2 万元，才能弥补心理上的感受。

俗话说，"由俭入奢易，由奢入俭难"。这是因为由奢入俭相当于被剥夺了很多东西，即使再回到原来的生活水平，但已产生的痛苦比由俭入奢的喜悦要高 2 倍。"损失厌恶"的心理作用是非常强大的，在很大程度上会影响我们的决策。

损失厌恶，一定程度上也保护了股票资产的超额收益。如果研究美股过去百年历史走势，会发现股票的长期收益比债券高。A 股也是如此，股票基金总指数过去十几年历史长期平均年化收益率是14% 上下，债券基金的历史长期平均年化收益率是 6% 上下。

这个统计结论并不难获得。但是换一个角度想，假如我们在日常生活中，知道有一个生意很赚钱，那就会有很多人蜂拥而至去做这个生意。于是，就会使这个生意的利润逐渐缩小，这个生意的超额收益也不会长期持续。

既然这么多人都知道股票的长期收益高，为什么股票的长期收益还是很高呢？不会都去买股票导致最后股票和债券的收益差不多吗？

其实不会，正是因为人有损失厌恶的倾向，所以最终只有少部分人接受股票资产的波动风险。多年来，股票相对债券的超额收益"源源不断"，背后的一部分原因，就是人的损失厌恶倾向保护了股票长期的超额收益。

因为损失厌恶，投资者频繁看账户盈亏，进而影响自己的心态和收益。

据统计，A股过去10年的任一交易日，有47%的概率是下跌的，53%的概率是上涨的。虽然上涨的概率高一些，但很遗憾的是，亏损带来的痛苦比同等数量盈利带来的喜悦要高2倍。所以，如果每天都看账户盈亏，即便股票市场长期上涨，那么总的痛苦是超过喜悦的。

如果把观察账户的时间，从一天提高到几个月甚至一年，那感受会好很多。所以投资最好不要频繁查看市场涨跌，最好间隔时间长一些，这样看到盈利的可能性会大大提升，痛苦程度也将大大降低。

如果你在投资时有频繁看账户的习惯，可以考虑改改了。巴菲特也说过，"希望股市一年只开门一天"。

基金亏钱了，怎么办

经常有朋友问：买的基金亏钱了，是继续拿着，还是卖出止损呢？

我们可以根据"好品种＋好价格＋长期持有＝好收益"这个公式，来分析自己的投资情况。

第一，买的这个品种，是好品种吗？

第二，如果是好品种，那买得便宜吗？

第三，如果前两点都符合了，就可以继续长期持有，等待市场先生报高价的阶段来临。

对普通投资者来说，宽基指数、优秀行业指数、优秀基金经理和有潜力的基金经理管理的基金，都可以称为好品种。这些品种，可以跟随背后企业盈利的增长长期向上走，所以时间拉长来看，是可以涨起来的，这点不用太担心。

不过好品种也要买得便宜。如果是指数基金，可以参考指数估值来判断指数基金是不是便宜。如果是主动基金，可以参考螺丝钉星级。其中，4～5星级是市场比较便宜、投资价值更高的阶段。不过便宜的阶段，也不代表之后会马上上涨。比如进入5星级，短期内也可能会出现10%～20%的波动。此时账面出现浮亏，也是正常的现象。

接下来耐心持有即可。这里也有一个技巧，在投资的时候，不要重仓某一两个行业或者品种。

通常单个行业或单个品种，会控制在本金的 15% ~ 20%。如果集中投资，波动会比较大，不容易坚持下来。如果把资金做好分散配置，通过投资组合，来投资一篮子基金，可以帮助分散风险，减少波动，更容易坚持下来。

在这个过程中，还可以在浮亏阶段坚持定投。定投最大的一个好处，就是可以摊低成本。

例如，去市场上买苹果，贵的时候 10 元/斤，便宜的时候 5 元/斤。我们想买 10 元的苹果，贵的时候能买 1 斤，便宜的时候能买 2 斤，这样算下来，平均 6.7 元/斤。

在确定了"好品种 + 好价格"之后，浮亏阶段坚持定投，可以不断降低持仓成本，这样不需要涨回原来的位置，就可以扭亏为盈了。特别是在浮亏的阶段，定投摊低成本的效果会更好。定投微笑曲线可以很好说明，如图 9 - 3 所示。

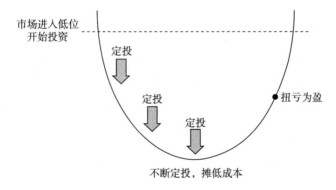

图 9-3　定投微笑曲线

回本了就忍不住想卖出，这是为什么

每当市场从熊市底部反弹的时候，我们会发现股票基金反而有一波赎回。通常出现在，投资者看到自己持有的基金从浮亏变成回本的时候，也就是常说的"回本出"。

比如在 2022 年二季度，市场先跌后涨，4 月大跌出现了 5 星级，之后 5 星级持续了约一个月，之后 6 月市场反弹。但 2022 年二季度股票基金整体是净赎回的，净赎回规模达到 800 亿元。净赎回的量比 2022 年一季度还多，一季度股票基金净赎回 300 多亿元。也就是股票市场反弹了，股票基金净赎回反而变多了。这就是比较典型的"回本出"现象。

为什么会出现"回本出"呢？

这也是比较常见的一种心理效应：处置效应。在投资中的表现是不愿意以亏损的方式卖出，想回本了再卖。

曾经有金融学家做过一个调查。1990—1997 年，美国波士顿地区的房价，出现过一波下跌，当时调查了两拨人。这两拨人都是卖房者，但区别是：

- 第一拨人，他们买入房子时的价格，高于当前市场价，也就是说，当前是亏损的。
- 第二拨人，他们买入房子时的价格，低于当前市场价，也就是说，当前是盈利的。

调查结果发现，差不多的房子，第一拨人卖房子的要价比第二拨人平均高出 25%～35%。当然，因为要价更高，第一拨人的房子更难以成交。这就是处置效应的直接体现：在当前亏损的状态下，投资者更不愿意卖出。

第二个发现则是，自住房的处置效应比投资房更强。自住房通常是第一套，投资房往往是第二套、第三套，甚至是第 N 套。而处置效应对有经验的交易者的影响也会减弱。

所以，投资房的处置效应比自住房更弱。这也是一个买房子的小技巧。买二手房的时候，可以先了解一下房东是什么时候买的房子，是第几套了。如果房东目前是亏损的，或者是之前唯一的自住房，往往更难谈。如果房东是很早就买入且目前已经赚了钱，或者是第 N 套投资房，那相对好谈一些。

在基金投资领域，也有类似的情况。熊市底部刚开始反弹，虽然市场上涨，但很多投资者从浮亏变成回本，也会着急卖出。"可算回本了，赶紧卖了。"但这样做，往往就错过了之后的市场上涨，也就是倒在了黎明到来之前。并且，这些"回本出"的投资者，有很多在市场大涨之后，又追涨买回来了。

回本出，没有享受到上涨。高位的时候追涨买入，却享受到了之后的下跌。反复做错。

4～5 星级熊市，整体都是播种的阶段，是积累股票基金份额的阶段。到了 3 星级及以上，才是收获的阶段。

要克服自己的人性。"贵出如粪土，贱取如珠玉"，别做反了。

耐心，是投资者最好的美德

我们常说，"耐心，是投资者最好的美德"。

这句话并不是空穴来风。研究表明，人性的不耐，是人们贫穷的主要因素之一。有的人赚到了收入，会选择先花掉，享受当下。有的人则想着把这些钱攒下来，换取更多有价值的东西，或者创造更多的财富。久而久之，家庭财富的积累就拉开了差距。

我们来看两个案例。

第一个，是人性不耐的真实写照。

在全世界范围内，当下还是有不少陷入绝对贫穷的人。所谓绝对贫穷，指的是"每天生活费在 1 美元以内"。也就是说，每个月依靠 200 元人民币来生活，而全球有 10 亿人生活在这种贫穷的状态中。

对于绝对贫穷的人来说，想要活下去，就必须摄入一定的能量。如果一个人穷困潦倒，即便倾尽所有，也只能勉强果腹，维持生命，那他就很难摆脱这个状态。但是，如果这个人稍微富有一些，可以买到更多的食物，可以增强自己的体力，生产效率就会提高，从而生产更多的东西。

之前看电视剧《白鹿原》，有一个印象很深的片段——黑娃割麦子。北方种植小麦，小麦成熟之后要抢收。地主家收小麦，有的时候收不过来，就会找麦客帮忙。黑娃当时很穷，连饭都吃不上，也想当麦客。只要吃一碗面，就有力气干活；不吃，没有力气干活，证明不了自己，也得不到工作。黑娃咬咬牙，挤出力气，证明了自己的能干，最后吃上了面。东家也发现了这个干农活的人才，夸他简直比"牲口"还猛。

研究表明，一个农工，如果在饥饿状态，每多摄入10%的卡路里，生产力可以提高4%。黑娃吃饱饭，相比没吃饱的时候，生产力可能会提高50%。

吃饱饭干活，挣更多的食物，有更多的体力，其实是回报率非常高的一笔投资。这样循环，就可以跳出贫困的圈子了。但事实上，很多贫穷的人并没有实现这样的良性循环。

为什么呢？

调查发现，在非洲和印度，当一些穷人可以多买一些食物的时候，他们并不会用多出来的钱换取性价比高，可以提供更多能量的食物。相反，他们会买一些口味更好，价格更贵的食物。例如之前就有人去非洲开工厂，发现很多工人的工资并不高，但仍然会拿出比较多的钱买可乐、买烟，最后剩不下什么钱。

可以看出，很多贫穷的人并不是真的吃不上饭，而是把钱花在性价比更低的享乐和消费上了。印度有很多绝对贫困的家庭，宁愿吃不饱，也会花钱买电视机看。

第二个，是一个很著名的实验——延迟满足。

20世纪60年代，斯坦福大学做了一个"延迟满足"的心理学实验。实验找来几十名小孩子，让他们每个人单独待在一个房间，桌子上放着他们喜欢吃的糖。研究人员告诉小孩子，他们可以马上吃糖。但是如果研究人员回来的时候，糖没有被吃掉，可以再得到一块糖作为奖励。大部分小孩子坚持不到 3 分钟就放弃了。大约 1/3 的小孩子坚持到了最后，等研究人员回来后获得了奖励。

这个实验并没有到此结束。在之后的几十年里，他们继续追踪这些小孩子的表现。结果发现，当初愿意等一段时间获得奖励的小孩子的学习成绩普遍比马上吃糖的小孩子高出一截，注意力也更集中。

这就是非常著名的延迟满足的心理学实验。愿意等一段时间的小孩子，对应的状态就是延迟满足。不愿意等而马上吃糖的小孩子，对应的状态就是当下享乐。

明白了这些道理，怎么应对呢？

我们可以通过自我限制的方式，来进行改善。自我限制，有主动限制，也有被动限制，其中被动限制更有效。

被动限制，是借助于外力。比如在菲律宾，有银行设计了一种存款。在存款的时候，由客户自己选择取款日期。比如 3 年后才能取出来。一旦设置好，这个存款就真的要 3 年后才能取。而设置了较长时间才能取的家庭，最后比一般的贫困家庭多攒下了 81% 的存款。

还有一个很典型的被动限制方式，就是养老金。我们每个月收入，有一部分交了五险一金，其中就包括养老保险，到退休之后才能取用。美国上班族入职时开通的 401(k)，也是类似的。这样在外力的约束下，强制做好资金的规划，虽然制度的约束不是那么灵活，不能根据每个人的自律情况来做调整，但至少可以保证大部分人晚年能享有基本的生活质量。

股票基金里也有类似的规定，如果持有基金不到 7 天，会有 1.5% 的惩罚性赎回费。目的也是通过制度的方式，避免投资者频繁交易。当然，仅仅是 7 天的话，对股票基金来说还是远远不够的。投资股票基金，得做好至少 3 ~ 5 年的心理准备。

而对于那些有耐心、比较自律的人来说，还可以通过主动限制的方式让自己存下钱，如定投。

定投也是一个类似强制储蓄的机制，可以像养老金那样帮助投资者积累资产，而不是拿到钱就马上花掉。我们在前面章节里也介绍了，每个月拿出收入的 20% 左右来做长期定投，是比较合适的。定投，可以显著改善投资者的耐心。

像螺丝钉坚持多年日更，也是希望通过这种方式，帮助更多投资者增强耐心，更好地在市场波动中坚持下来。

所以想要变得富有，首先要让自己成为一个有耐心的人，或者让别人帮助自己培养耐心。耐心，是投资者最好的美德。

自律，始终是一个稀缺品

做好了投资计划，一定能执行好这个计划吗？

其实不然，之前也有银行统计过，大部分投资者定投执行时间不超过一年。也就是说，即便有了一个定投计划，也不一定能执行下来。很多人，甚至定投几个月就暂停了。

要执行好自己做的计划，靠的是一个人的自律。

在美国，政府会为低收入人群每个月提供食品券。低收入者，每个月可以拿着食品券去超市兑换食品。调查结果发现，这些低收入者领取食品券之后，倾向于在短时间里大吃大喝，而不是"平滑"到每个月去均匀地兑换食品。

工作中也是如此。认真干活通常是痛苦的，当下享乐的心态，会使我们把痛苦的工作往后拖，结果就是一拖再拖，导致工作没有办法及时完成。

以前有一个纪录片，叫作《三和大神》，就非常形象地描述了一群缺乏自律的人。

三和，在深圳的龙华新区。三和大神，说的是一类不愿意做长期的工作，甚至连按月结算的工作也不愿意做，只愿意做按日结算的工作的人。

干完一天的活，他们就拿着薪水去花掉。直到下次没钱了，再去找一个日结的工作，反复如此。

"做一天玩三天"，这是三和大神的宗旨。很多三和大神，没有自己固定的住所，会去网吧过夜。网吧有电脑，可以消耗一整天，累了在网吧里睡觉，睡醒了继续打游戏。

网吧也专门为这类人提供专属消费，比如 2 元 2 升的大瓶装矿泉水，4 元一大碗、吃一顿管一天的挂壁面，5 毛一根的红双喜散烟。

三和大神是怎么来的呢？

部分三和大神，是第一代农民工进城之后的留守儿童。

因为成长的阶段遇到互联网的崛起，他们的眼界比父辈要宽，但是没有能力享受城市的教育资源。同时，他们不像父辈那么能吃苦，不愿意做太劳累的工作。于是最后，就过上了"做一天玩三天"的日子。

其实不仅仅是三和大神，有些学生一旦没人管也会自暴自弃，最后无法完成学业。就像把一份试卷和一个手机摆在小孩子面前，大部分孩子都会想拿手机玩游戏。让小孩子学琴、学舞蹈，没有几个小孩子能做到每天自觉的。

孩子需要家长和学校的引导。有一个好的氛围，才能逐渐养成自律的习惯。如果没有得到好的引导，人性就会向着不耐的一方，持续滑下去。极度不耐的结果，就是"过一天算一天"，无法给自己建立长期的规划，也没有执行规划的行动力，陷入恶性循环。就像郭德纲相声里说的："要饭没有要早饭的，但凡能早起，就不至于要饭。"

自律，始终是一个稀缺品。

天生自律的人是少数，不过大部分人可以在引导下养成自律的习惯。群体的自律，就是纪律。很多人当兵回来，精神面貌会焕然一新。因为部队是一个"熔炉"，它的氛围可以帮助人变得自律。

《士兵突击》在某种意义上，就是《三和大神》的反面。

《士兵突击》里的连长评价许三多："最重要的是先做好手上的事情。我这两天刚接触一个人，每做一件小事，他都像救命稻草一样抓着。有一天我一看，好家伙，他抱着的已经是让我仰望的参天大树了。"

许三多也不是靠自己变成许三多的，他有两个好班长。有了好的氛围，才能从他父亲嘴里的"龟儿子"，变成连长也敬佩的人。

投资也是如此。长远的规划，自律的行动力，是投资必不可少的。眼光短浅，会导致频繁交易。缺少自律，会导致做好的计划无法执行下去。这也会带来恶性循环：频繁交易导致不赚钱，不赚钱就没有信心建立长期计划，或者建立计划也执行不了几天，最后又变成频繁交易。

如何养成自律的习惯呢？

有一个技巧：给自己定一个小目标。例如，每天坚持看书，或者每天坚持跑步。开始的时候，目标可以很小。哪怕一天规定自己只看 5 页书，或者只跑 10 分钟。这样门槛不会太高，也更容易坚持。

但最关键的是，一旦定下这个习惯，就要风雨无阻，坚持下来，不要让自己以任何理由中断。

像螺丝钉坚持日更，其实也是从另一个角度督促自己坚持。日更并不是强制的，也很辛苦。有的时候出差或者比较忙，晚上回来还得写文章。但定下这个目标进行自我约束，可以让自己长期坚持下来。

如果是凭主观，估计某天自己一偷懒就中断了。然后在"破窗效应"的影响下，有第一天就有第二天，最后可能就坚持不下来。

只要能坚持下来，那逐渐有了信心：我可以做到这件事情，不管多难我都坚持每天做下来了，我是一个厉害的人。自律也就养成了。

能简单，就别搞复杂

很多朋友都听说过一个理论：奥卡姆剃刀原则。这个原则很简单，用一句话总结，就是"如无必要，勿增实体"。做一件事情，能用简单的方法完成，就别搞复杂了。这是一种直接抓住问题重点的能力。

这个理论也可以应用在投资领域。

比如说投资股票基金，上市公司的盈利增长速度、市场资金量、投资者的情绪、政策的变化……理论上，这些因素都会对基金的收益产生影响。但是，对普通投资者来说，想要分析这么多的因素，是非常难的。

实际投资的时候，我们并不需要有全局分析的能力，只需要抽丝剥茧，找出最关键的几个因素，把控关键的因素，就可以拿到不错的收益率了。

《共同基金常识》作者，"指数基金之父"约翰·博格提到，影响指数基金收益最关键的三个因素是：初始投资时刻股息率、投资期间公司的盈利增长、投资期内市盈率的变化。

如果用一个公式来描述，那就是：

$$指数基金净值 = 市盈率 \times 盈利 + 分红$$

用这一个公式，可以简单有力地解释指数基金的绝大部分收益来源。

于是，我们可以寻找长期盈利增长的指数基金，并在估值低的时候买入。这样既可以赚到指数背后公司长期盈利增长的钱，也可以赚到指数基金从低估到高估的钱。主动基金也是类似的原理。

再举个例子。经常有朋友问螺丝钉，为什么自己投资股票基金，并没有赚到钱，甚至还亏了钱呢？

如果仔细分析，每个投资者会有不同的原因。但是，如果抽丝剥茧，最主要的原因就是两个：追涨杀跌和频繁交易。

其他所有亏钱的因素，都没有这两个因素对投资者收益的损害大。这两个因素会让投资者损失超过一半以上的收益。

如何让普通投资者赚到钱呢？

好品种 + 好价格 + 长期持有 = 好收益

这就是奥卡姆剃刀原则在股票基金投资中的应用。

别让直觉支配你的投资

人在思考时，有两种决策系统：直觉系统和深度系统。

第一个是直觉系统，它会无意识地、快速地，几乎不费任何力气，第一时间冒出来帮助我们快速做决策。比如，看一个小孩子的脸，判断他是开心还是伤心，几乎不费任何力气；再比如，一对夫妻在一起时间长了，老婆眉头一皱，老公就知道"大事不好"。

第二个是深度系统，它需要格外花费脑力。比如，一道数学题：13 乘以 27 等于多少？很多人是无法直接说出答案的，需要认真计算一下，才能知道答案。这时候动用的，就是深度系统。

为什么会分为这两个系统呢？

其实，这跟人类所生活的自然环境有关系。人类在漫长的进化过程中，会面对很多的生存问题。比如，快速判断一个动物是不是有危险性，如果反应慢了，就可能减少存活的概率。所以，直觉系统肯定是要很发达的。

直觉系统，也是可以训练的。比如，运动员都有俗称的"肌肉记忆"。把一些复杂的动作，训练成可以靠直觉系统完成的肌肉记忆。在赛场上争分夺秒，依靠直觉系统，可以获得更快的反应速度。甚至数学计算，也是可以训练的。比如，掌握了心算这个技能，很多人也能不假思索得出 13 乘以 27 是多少。

但如果只有直觉系统，是无法深入思考的。一些最有价值的研究和发明，都需要花费大量脑力才能获得。比如要做一份高考试卷，那就需要全神贯注，凭直觉是无法完成的。此时需要用到深度系统。

深度系统，可以帮助我们完成高难度的事情，特点是在同一时间，往往只能处理一个任务，需要我们高度集中注意力。人的注意力是有限的，所以使用深度系统时，大多数人无法一心二用。

比如在《射雕英雄传》中，老顽童有一手绝招——左右手互搏，而其他人就很难学会这一招，这也正是因为其他人无法一心二用。

之前还有一个很有意思的测试：如果在一个人打电话的时候，交给他一个东西，不管是什么，他基本都会拿着。因为打电话的时候，人的注意力高度集中，这时深度系统没有余力去思考别的问题。如果给被测试之人一个东西，他就会下意识接过来，接过东西这个动作其实是直觉系统在发挥作用。

一个人很难一边计算数学题，一边写作文。但一边算题，一边抖腿是可以的，因为抖腿动作大多数人很熟了，只需要直觉系统就可以做到。

在投资中也有类似的情况。比如，遇到股票基金大涨或者大跌的时候，如果没有掌握投资知识，大部分人凭借直觉系统，会在贪婪和恐慌情绪的推动下追涨杀跌。而如果掌握了投资知识，就会在深度系统的帮助下，考虑这只股票基金大涨后是不是贵了，大跌后是不是跌出便宜机会了，等等。

了解了人类思考和决策的两种模式后，我们就可以更好地利用它。不要靠直觉投资，很容易陷入追涨杀跌，难以长期赢利。得靠深度思考，才能做出长期赢利的投资决策。凡事要三思。每当遇到市场波动时，抑制住自己的直觉冲动，深入思考后再行动。

安心持有少折腾

柳宗元写过一篇文章，叫作《种树郭橐驼传》。

有一位姓郭的人，有点驼背，大家叫他郭橐驼。他很擅长种树，种出来的树成活率高，又长得很好，周围的人都很羡慕他，问他种树的诀窍。他说，种树的诀窍很简单，树根要有充分的空间，泥土要均匀，树长起来之后要顺应它的天性，少折腾。

而一般的人种树，开始准备工作做得不好，比如树坑挖得小，土有时候多有时候少。树种下后，又过于担心，早晨去看，晚上又去摸摸。更严重的，甚至用指甲划破树皮来观察它是活着还是枯死了，摇晃树根来看它是否栽结实了。

　　这反而是害了树，这样怎么能长好呢？

　　投资，跟种树是一样的道理。投之前，做好该做的事情：选好品种，低估买入。投完之后，就少折腾，安心持有。把精力用在本职工作上，多开源。

　　记住：好品种＋好价格＋长期持有＝好收益。

感谢大家阅读到这里，末尾跟大家聊点轻松的话题。有朋友问：钉大，你为什么取名银行螺丝钉，有何寓意呢？

当时取这个名字的时候，螺丝钉还在银行工作。银行是一个庞大的金融机器，任何一个人在里面都是一个小螺丝钉。

当时还流行一个电视剧《半泽直树》，螺丝钉也挺喜欢看的。半泽直树是电视剧的男主角，因为父亲的缘故，他发誓要进入日本的银行，改变日本银行业"晴天借伞，雨天收伞"的作风。

螺丝钉后来离开了银行，并不是因为职场不顺利，而是因为找到了自己想要做的事情。

螺丝钉并不是一开始就投资基金的，开始也是以投资股票为主。后来接触了股票基金，特别是在2014—2015年，看到了那一轮大牛市中股票基金的火爆销售场面。每天都有大量投资者，到柜台追涨买入股票基金，特别狂热。

但是，到了2015年下半年，股市从5 000多点开始暴跌，追涨买入的投资者损失惨重。根据基金公司的一个统计数据，2015年的个人投资者平均收益率是 −60%。

实际上股票基金的长期收益率还是不错的，股票基金在国内的长期年化收益率可以达到14%上下。但是，很多机构在销售股票基金的时候，跟客户接触的时间只有短短十几分钟，很多客户经理自然是什么好卖就卖什么。所以，在牛市中股票基金越上涨，卖出去越容易，进一步导致投资者追涨杀跌。

其实，只要稍微改变一下投资行为，熊市买入股票基金，不要追涨买入，投资者就可以赚到钱了。这就是螺丝钉后来想要做的事情，改变"基金赚钱，投资者不赚钱"的窘境。

但是在银行内部想要做这个事情，还是有很多困难的。碍于商业模式，理财经理很难陪伴用户去做长期投资。

螺丝钉认为，金融本质上是一个服务业。它看起来高大上，但本质上仍然是为人或者机构提供服务的，跟其他服务业，比如餐饮、酒店等没啥区别。怎么服务好客户是关键。

买基金就好比下馆子吃饭。大家吃舒坦了，才愿意再来。每次吃饭都缺斤少两，偷换食材，服务态度又差，谁还愿意来吃呢？违背客户利益的事情不能做。

最后，螺丝钉下决心，尝试从客户利益的角度来做好买方投顾。银行螺丝钉这个名字也就一直用下来了。

正好也赶上了公众号等移动时代自媒体平台的崛起，可以很方便地每天写内容，陪伴大家投资。

螺丝钉还想了一个办法，做一个日更的计划。投资本来就是很难坚持下来的一件事情。如果我能坚持做到日更的话，是不是就给大家做了一个小小的示范呢？因为坚持日更是非常难的事情。如果日更都能坚持下来，坚持投资也就不在话下了。

不知不觉，到 2023 年已经坚持了 9 年，估值表也更新超过 2 000 期了。未来还会做到 10 000 期，差不多 40 年。到时候螺丝钉也就变成一个快乐的小老头儿了。

在这个过程中，做好每一次定投、买入、卖出。每当大家觉得投资坚持不下去的时候，可以来看看螺丝钉，知道还有人在坚持，还有一群志同道合的人在坚持。希望能跟大家一起走到那一天！

为了方便读者，螺丝钉整理了平时投资者咨询比较多的 10 个问题，在这里汇总，一并解答，并且标注了相关知识在本书中的章节位置，方便大家遇到投资问题时快速查阅，找到自己想要了解的内容。

主动基金怎么挑选

买主动基金，就是买基金经理。

那优秀的基金经理怎么挑选呢？有两个方向：一是基金经理老将，二是有潜力的基金经理。

更详细的挑选技巧，详见本书第 5 章第 2 部分。

如何判断主动基金的估值

再好的品种，也要买得便宜。

可以参考螺丝钉星级，判断主动基金的估值。在 4 ~ 5 星级阶段，比较适合投资主动基金。

详见本书第 5 章第 3 部分。

手里有一笔闲钱，该怎么投资

用"100 – 年龄"的方式，来分配股票资产和债券资产的比例。比如 40 岁，就可以配置 40% 的资金到债券资产，60% 的资金到股票资产。

其中，债券资产可以一次性买入债券基金投顾组合，股票资产则可以在市场 4~5 星级阶段买入股票基金投顾组合。

详见本书第 8 章第 1 部分。

每月有新增收入，该如何定投

可以用每月新增收入的 20% 来做定投。定投股票基金，也需要在 4~5 星级阶段。

详见本书第 8 章第 2 部分。

基金亏钱了，怎么办

在确定了"好品种＋好价格"之后，浮亏阶段坚持定投，可以不断降低持仓成本，这样不需要涨回到原来的位置，就可以扭亏为盈了。

详见本书第 9 章第 4 部分。

回本了就忍不住想卖出，这是为什么

这也是比较常见的一种心理效应：处置效应。在投资中的表现就是：不愿意以亏损的方式卖出，想回本了再卖。

但这样做，很有可能错过之后的市场上涨，也就是倒在了黎明到来之前。并且，很多"回本出"的投资者在市场大涨之后，又追涨买回来了。

其实，4~5 星级熊市，整体都是播种的阶段，是积累股票基金份额的阶段。到了 1~3 星级，才是收获的阶段。

详见本书第 9 章第 5 部分。

什么时候可以卖出止盈

通常在 1~3 星级，适合卖出股票基金止盈。

详见本书第 8 章第 3 部分。

如果市场低迷，还会有收益吗

上市公司的盈利持续增长，是我们长期投资获益的底气，而不用去预测短期是涨还是跌。只要盈利在增长，那么熊市买入的股票基金，未来也会涨起来。

详见本书第 9 章第 2 部分。

买单只基金好，还是买投顾组合好

投资组合，相比投资单只基金，有三个优势：

- 降低基金经理的个人风险。
- 降低波动风险。
- 提供更多收益来源。

详见本书第 6 章第 1 部分。

指数基金和主动基金，都要买吗

都可以买。

指数基金规则清晰，人为因素干扰少，掌握起来更容易，更适合新手入门。

主动基金数量更多，可以提供更多投资选择，获取超额收益，适合进阶学习。

对于新手投资者来说，可以先掌握指数基金的投资技巧，然后再掌握主动基金，会事半功倍。

详见本书第 2 章第 3 部分。